筑後戦国史

新装改訂版

吉永正春

海鳥社

筑後戦国史◉目次

大友氏の筑後統治

筑後の雄・蒲池氏

戦国時代、天文初期から天正六（一五三二―七八）にかけて九州一の大名は豊後の大友義鎮《よししげ》（宗麟）であった。大友氏と筑後国との関係は深く、筑後の戦国期を語るとき、どうしても大友中心の歴史となってしまう。その大友軍中に、いつの頃か「柳川三年肥後三月《みつき》、肥前・筑前朝茶の子」という戯歌《ざれうた》がはやった。

当時の柳川は大友氏の支配下にあり、城主は蒲池《かまち》近江守《おおみのかみ》鑑盛《あきもり》であった。歌は柳川城の堅城ぶりをたとえたもので、柳川攻略には三年かかるという意味。無数の水路が入りこむ柳川城は自然の要害をなし、難攻不落といわれていた。

近世に入って、この柳川の町づくりをしたのは立花宗茂、田中吉政の二大名であるが、その基礎を築いたのは蒲池氏である。

『南筑明覧』に、「文亀年中、三潴郡蒲池ノ城主蒲池筑後守治久（鑑盛の祖父）築キテ居城セリ」とある。また、崇久寺（柳川市東蒲池）の古文書を原拠とした「蒲池物語」には、「池ノ城ハ狭隘ニシテ城地ノ固メ完カザレバ柳川ノ堡陣ヲ新ニ営ス、其城郭ノ構へ舞鶴ニ準擬ラヘ本丸ヲ以テ鶴ノ胴トシ、東ノ方ノ樋ヲ左ノ翼トシ、西ノ方ノ樋ヲ右ノ翼トシ、肥前道ヲ右ノ足トシ、久留米道ヲ左ノ足トシ、宮永村鳥水ヲ鶴ノ頭トシ一万町ヲ領シケリ」と記されているが、蒲池村にあった本城が防衛上からも機能をはたせなくなったので、支城であった柳川城を鑑盛のときに改築、拡張して本城としたといわれる。

蒲池氏については『筑後志』に、「粟田口関白道兼の末葉《まつよう》宇都宮左衛門尉朝綱の後胤《こういん》なり、久憲《ひさのり》（久則）三代の祖宇都宮藤原貞久、正平年中征西将軍に供奉して肥後国に下り、久憲が時に当りて渡辺党蒲池氏が聟《むこ》となり其遺跡を領す」とあり、また、『肥陽軍記』にも、「筑後国蒲池氏は宇都宮弥三郎朝綱の末葉なり、初め宇都宮久則と言ひし人鎮西に下向し即ち筑後に着して蒲池の家を興し、鎮並《しげなみ》（鎮竝・鎮漣・鎮波とも記される）まで八代、下筑後七千町を領し、国中の諸侍に親類多く家富栄え」と記されている。

つまり宇都宮朝綱八代の孫久憲が応永の頃、松浦党系を蒲池氏が継いでからということになる。宇都宮氏は関東下野国《しもつけのくに》（栃木県）宇都宮より起こった豪族で、その一党が鎌倉時代九州に下向したのが始まりであり、豊前・筑前・筑後と北部九州一円に分布した。

その系譜には城井《きい》・佐田・野中（仲）・山田・山鹿《やまが》・麻生《あそう》・小田・蒲池・西牟田・犬塚・大木（大城）・矢加部・池末・今村などのほか、多くの枝裔がある。南北朝期の蒲池氏は、五条、星野、黒木氏らと菊池氏について南朝方のため大いに振るったが、南風競《きそ》わず、その後、北朝軍の討伐を受けて次第に衰え、宇都宮系蒲池氏の初祖となった久憲は、応永年中から大友氏の幕下となり、一時、菊池氏に降《くだ》ったことがあったが、その後は無二の大友方となった。『福岡県史資料』所収の「筑後地方古文書」に蒲池久家から鷹尾大菩薩への倉光名寄進状が記されている。

鷹尾鎮守大菩薩御宝前
修理新田当別符内倉光名地
右願者、天長地久御願円満五穀豊饒、又者藤原久家運命増長子孫繁昌為祈禱也、
仍奉寄進之状如件　　蒲池右馬助久家　在判
応永三十年正月廿二日

久家とは初代久憲のことであろうと思われる。

大友家の筑後支配は応永二十三（一四一六）年、十一代大友親著《ちかつぐ》が足利義持より筑後守護職を安堵されて以来のことで、途中、菊池持朝《きくちもちとも》が守護となったが、大友氏と戦って敗れ、再び十五代大友親繁（親著の子）が筑後国の守護職となり、その後大友氏の筑後統治は二十一代宗麟まで六代にわたって続き、整備強化されていった。

大友義長の永正十二（一五一五）年十二月二十三日の「条々」のうち、「一、諸郷庄ニ以㆓目付耳聞㆒可㆑知㆓時宜㆒之事、一、当国之者一人二人つ、可㆑有㆓筑後在国㆒之事」という記事は大友氏の筑後対策上注目すべき事項である。

「目付耳聞」はスパイの役目をするもので、聞耳を立てて秘密裡に諸事を探査するのである。

大友領国内では筑後が本国豊後に次いで、支配体制が整備された国であった。

筑後の郡制は平安朝のむかしから十郡となっているが、延喜年間（九〇一—九二三）につくられた『延喜式』には、筑後の郡名を、御原《みはら》・生葉《いくは》・竹野・山本・御井《みい》・三潴《みずま》・上妻《こうづま》・下妻《しもづま》・山門《やまと》・三毛《みけ》と記

されている。

また『筑後地鑑』に、「筑後ノ州タルヤ、東ハ豊後ヲ以テ限リト為シ、西ハ肥前ト河ヲ阻《ヘダ》ツ。南ハ肥後ニ隣シ、北ハ筑前ニ接シ、州内十余里、山少ウシテ田多シ。其国ハ上国タリ。分チテ十郡ト為ス〔凡ソ三十三万石〕」とあり、この郡制はその後長くつづき、鎌倉・室町と中世から江戸時代も変わらず明治二十八（一八九五）年までつづいた。

三毛が三池になったのは建久年間（一一九〇―一一九九）、今山獄（大牟田市今山）の三の池ができたからといわれている。

その後、明治二十九年に郡の合併が行われ、生葉・竹野二郡が合併して浮羽《うきは》郡となり、御井・御原・山本の三郡が合併して三井郡となり、上妻・下妻二郡の合併で八女郡となり、十郡は六郡となった。

当時の筑後国内には、上蒲池（上妻郡）、下蒲池（山門郡）、問註《もんちゅう》（注）所《しょ》（生葉郡）、星野（生葉郡・竹野郡）、黒木（上妻郡）、河（川）崎（上妻郡）、草野（山本郡）、丹波（高良山座主）、高橋（御原郡）、江上（三潴郡）、西牟田（三潴郡）、田尻（山門郡）、五条（上妻郡）、溝口（下妻郡）、三池（三池郡）の大身十五家があり、これを筑後の十五城と称した。しかしこのうち江上・高橋はのちに肥前・筑前へ転じたので、実際は十三城となった。

この中で、筑後十五城の旗頭といわれた柳川の蒲池氏の勢力がいちばん強く、その強大となることを恐れた大友氏親治《ちかはる》（十八代）は、蒲池筑後守治久の次男和泉守親広を、新たに大名分として別家を立てさせ、同家の勢力分散をはかっている。

すなわち蒲池本領のうち六百余町を割《さ》いて、上妻郡山下村（現・八女市立花町）に居住させ、族臣矢《や》加部大学《かべだいがく》（国広）を家宰とした。これよりのち蒲池家は二家に分かれ、本家を下蒲池といい、山下の分

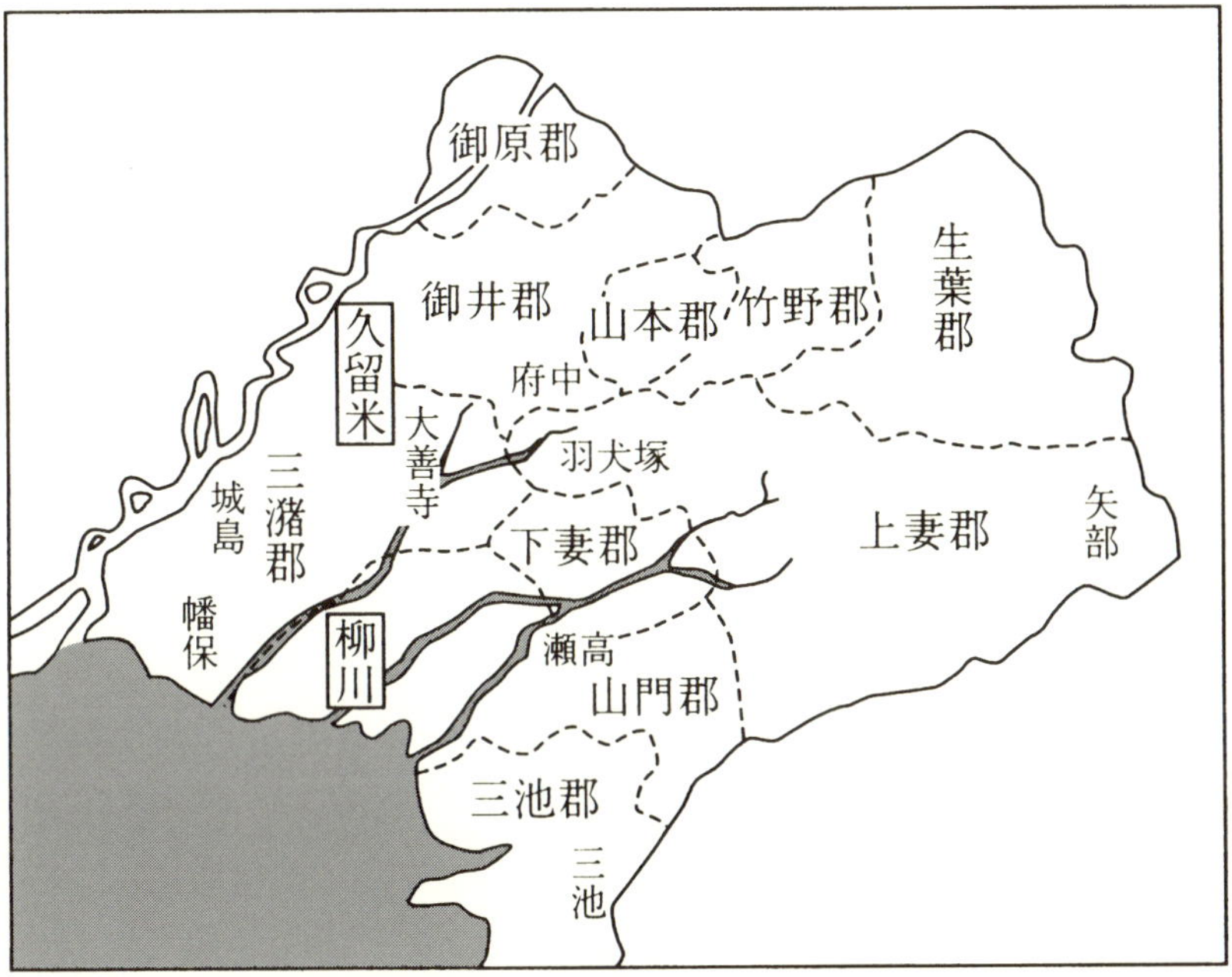

筑後国郡別図

家を上蒲池と呼ぶようになる。筑後は東部を上といい、西部を下という。親広の嫡男鑑広のときに、新しく人見城を築いた。また、大友家は蒲池氏懐柔のため代々偏諱《へんき》を与え、また朝廷の官位も「守《かみ》」「輔《すけ》」などの高官の補任手続きをとり、密接な従属関係をつくったが、大友家は蒲池氏ほか大名の諸氏を外様格として礼遇はしたが、政治には干与させずもっぱら軍事面で利用した。

「蒲池物語」に大友政親による蒲池親久への一字書出（一字御免ともいい、主従の関係を強化するため、主人の名の一字を与えること）に関する文書が記載されている。

一字之事　親久
進之候　恐々謹言
三月十二日　政親判
蒲池兵庫頭殿

筑後を支配した大友氏

筑後国内の大友直参衆に、上妻・三原・安武・町野・小河・菅・麦生《むぎお》・酒見・津村・江島・酒井田・坂田・甘木・辺春《へばる》・谷川・行徳《ぎょうとく》・古賀・高三潴《たかみずま》・林田・木室《きむろ》・荒木・水田・隈・稲員《いなかず》・諸富などの国人の諸氏があり、大友家は「高一揆衆《たかいっきしゅう》」または「一揆合衆《いっきがっしゅう》」として優遇し、官位の奏請をおこない徴税の任に当たらせ、地頭の役目をさせた。かれらは頭数で二十四頭、あるいは三十三頭と呼ばれたのである。ちょうど豊前宇佐郡の国人「三十六人衆」と同じような呼称であった。

大友家は筑後統治策として、蒲池氏ほかの大名分と高一揆衆を区別して対立させ、それぞれ牽制させながら飴と笞《むち》を与えて領国支配の道具につかった。

次は上筑後の名家、上妻氏の上総介《かずさのすけ》任官所望に対する大友義鑑（親安）の返書である。

上総介所望之由承候、可存知候、恐々謹言

三月十五日　　　　親安（花押）

上妻新左衛門殿

筑後の諸族は大別すると、宇都宮・少弐《しょうに》・大蔵・清原・調《しらべ》・松浦・三善など名家の枝流が多かったが、ほとんど弱小領主たちで、これらが国内各地に分立割拠し、それぞれの隣境までわずか二、三里（約八キロから十二キロ）しか離れていないため、互いに牽制しあって、自領を維持することに汲々としていたから、大勢力が育たなかった。

山紫水明の筑後の風土は保守的で大らかな国人気質をつくり、自力で筑後以外の他国への侵略など思いもつかなかったことだろう。そのため早くから菊池、大友氏など他国の強大な勢力の侵略を許すこととなった。

大友家は、筑後経営の直接最高責任者として、老臣から守護代を選んで現地に送り、時代によって人数に増減があったが、普通二、三名でその任に当たった。初期の頃は、一門の田原、豊饒《ぶにょう》氏や御井郡の大蔵支族、三原氏らを守護代として経営に当たらせたが、大友二十代義鑑の頃は同紋（大友一族または一族待遇のもの）の豊饒、斉藤氏や、国衆の河内氏らが任命された。そして各郡には二、三名の郡代職が置かれ、豊後と地元からそれぞれ選任された。小河、古賀、石井氏などがそうである。

戦国の頃の所領は貫・町（または丁）をもって表わしたが、秀吉九州平定後すべて石高に統一され、従来一段（反）三百六十畝を三百畝とし、田一段を米一石四斗（約二百キログラム）、畠一段を米一石で算定したところ、総石高は三十万二千八十五石となった。

秀吉はその後、加賀（福井県）大聖寺城主で田法にくわしい山口玄蕃頭《げんばのかみ》をもって検地を行わせたが、このときの正確な算用で筑後国高は従前より二万九千四百十二石余の増加となり、総石高は三十三万一千四百九十七石余に改められた。以後これが表高となり、筑後南北藩政の基礎となったが、この検地奉行山口玄蕃頭の氏名を冠して〝山口高〟と呼ぶようになった。

元禄十四（一七〇一）年辛巳《かのとみ》三月、筑後二国主、有馬中務《なかつかさ》大輔《たゆう》（久留米藩主）、立花飛騨守（柳川藩主）連名の「幕府差出領地石高」には、前記山口高によって筑後十郡の石高、村数を次のように記し、玄蕃頭が算測した当時の石高をそのまま踏襲している。

生葉郡	一二、六七五石余	五六カ村
竹野郡	一二、三九七石余	九一カ村
山本郡	一二、八〇四石余	三〇カ村
御原郡	二〇、五八七石余	四〇カ村
御井郡	三六、七八〇石余	七三カ村
上妻郡	二九、六一六石余	一七カ村
下妻郡	二一、五一八石余	三三カ村
三潴郡	九〇、二二二石余	一四七カ村
山門郡	五七、三七一石余	九一カ村
三池郡	三七、五二八石余	六四カ村

大友家が領国筑後の統治に成功していた理由は、本国豊後と筑後の間の交通、連絡機関を確保していたからである。筑後国内の軍事上の要衝は大友家の公領または、豊後直参の者の知行地となし、国境の各要所には関番を常置して警備させた。肥・筑国境の辺春《へばる》や南関等のほか山門、三池などに警備網がはりめぐらされていた。

また、豊後領と隣接する生葉郡の原口・山北・小江・大石・上宮田・下宮田の六カ村と、竹野郡の大半を公領におさめ、一朝変事の際の他からの干渉を排し、筑後川水路の各渡し場十数カ所に、船留番所を設け、そのうちとくに重要な船場には奉行を置くなど、舟行の管理に万全を期していた。この川筋の支配に当たったのが小江の中津留《なかつる》氏や下田村の堤氏らであった。次の中津留右馬允《うまのじょう》にあてた大友家朱印状はこれを物語っている。

大友家朱印
筑後川條《かわすじ》之事、如先例可レ任二其心一者也
天文十三年九月三日
中津留右馬允殿

一方、豊・筑国境を扼《やく》す高井岳（四〇五メートル）には要害を築き、大友配下の武士をもって警備させ、烽火台《のろしだい》を設けて筑後の異変をいち早く本国へ知らせる通信施設の役目をしていた。高井岳で打ち上げられた狼煙《のろし》は耳納連山をリレーすることができたといわれる。

『豊西説話』に、筑後の文《ママ》註所（問註所）親則が秋月種実に降り、大友と手切れの一戦のため、日田に攻め入ろうとしたことが記されているが（天正七年以降か）、当時、高井岳の守将は日田郡老であった堤越前守鑑智《あきとも》の弟平右衛門尉であった。「敵の寄せ来たる時は件の栖桜《せいろう》に一炬を顕はし、敵勢相見ゆる時は二炬を顕はし、既に防戦に及ぶ時は三炬を顕はすべしとし」（『豊西説話』）

堤平右衛門尉は敵の大勢を前に退くのは武士の本意にあらずと言って、長刀をもって奮戦、遂に敵将石井蔵人と刺し違えて壮烈な最期を遂げた。かつて福岡市に在住していた堤君子氏（故人）はその後裔であり、当時を立証する貴重な「堤文書」が遺族に残されている。

日田市内より三隈川の南岸沿いに夜明けダムの方に向かって車を走らせ、白手橋より左折して山手に入り、やがて登山路にかかる。ところどころ滑り止めで舗装された険路は天に向かって急坂を曲折しながら山頂へとつづく。現在高井岳山頂には遺構はないが、ここに立つと豊・筑国境の要衝であった当時のきびしさが実感できる。ここからは西方に筑後の連山が望まれ、眼下に、日田市街が拡がる。

（漢詩七絶）

詠高井嶽古城　　吉永正春作

峰頭古塁路羊腸
荊棘空生夢渺茫
狼火曽揚高井嶽
勇魂遺跡永留レ香

峰頭《ほうとう》の古塁《こるい》路《みち》羊腸《ようちょう》
荊棘《けいきょく》空《むな》しく生《しょう》ず夢《ゆめ》渺茫《びょうぼう》
狼火《ろうか》曾《かつ》て揚《あ》がる高井嶽《たかいだけ》
勇魂《ゆうこん》の遺跡《いせき》永《とこしなえ》に香《こう》を留《とど》む

大友家にとって筑後は九州の東西南北に通ずる戦略の要衝であった。そして産物豊かな天恵の地であった。筑後の領主たちは他国を征服したことは一度もなく、いつも被支配者の側に立たされていたのである。

天文二（一五三三）年から三年にかけて大内勢力が進出、大友方と激しい戦闘を交えた。大内の将桑原興風は生葉郡妙見城（うきは市吉井町富永）に拠る星野常陸介親忠《ひたちのすけちかただ》を攻め降し、また杉興房は久留米城を攻め、大友の守将豊饒美作《ぶにょうみまさか》入道永源を敗走させ、三潴郡安武村の海津《かいづ》（貝津）城（久留米市安武町武島）の安武安房守鑑教《あわのかみあきのり》も城を捨てて逐電してしまった。（『北肥戦誌（九州治乱記）』）

安武氏は旧姓茨《いばら》氏で初祖安房守鑑政《あわのかみあきまさ》（鑑教）は、永正五年、河内国から筑後安武村（現・久留米市安武町）に移住、海津城に入った。

その後、地名の安武氏を名のり、安武古町・本村・津福・大善寺周辺の約二百町を領し、筑後川下流の左岸地帯に一勢力を有した。

鑑政は当時筑後守護であった豊後の大友義鑑に属し国人領主として働くが、「鑑」の字も国主義鑑の一字を与えられたものであろう。

天文二年、中国の雄大内義興は九州に兵を出し、その将陶興房《すえおきふさ》は大宰府を経て御原郡から久留米地方に侵入、大友配下の海津城を攻めたので、安武安房守鑑政は城を逃れて何方ともなく逐電したと『北肥戦誌（九州治乱記）』に記されているが、その後、安房守は天文四年頃には再び海津城に復帰している。

天文十九年二月、大友家の家督争いで、当主義鑑が家臣に斬られて重傷を負って死ぬという「大友二階崩れ」の変が起きた。この事件と関係して肥後の菊池義武（大友義鑑の弟で肥後の菊池氏を継ぐ）が、大友家の家督を狙って、筑後の西牟田・三池・溝口らの国人らを誘ってクーデターを起こした。

安武安房守も初めはこれに加担したが、のちに大友氏に降った。安房守鑑政の死後、その子鎮則《しげのり》（重則・鎮教とも書く）が跡を継ぎ海津城主となった。しかし、天正四（一五七六）年、海津城は龍造寺勢に攻められ落城している。

現在、糟屋郡新宮町上府に安武河内守鎮則の墓があるが、菩提寺の大分寺の過去帳には慶長二（一五九七）年七月二十七日没と記されている。鎮則の妹が大友宗麟の部将戸次鑑連《べつきあきつら》（立花道雪）と再婚したという『豊前覚書』の記述や、また永禄十一（一五六八）年十一月戸次鑑連に再嫁した問註所鑑豊の娘西（仁志）の先夫を安武鎮則としている『旧柳川藩志』などを考えれば、安武鎮則が筑前にも深い繋がりがあることを感じる。だが、彼がなぜ筑前で死んでいるのかは謎である。

海津城趾（久留米市安武町）

天文十九年の筑後反乱に関し、五月には大友家から筑後国叛徒の検使佐藤刑部少輔が派遣され、山門郡の有力国人田尻親種の居城鷹尾城（柳川市大和町鷹ノ尾）で軍議を練ったのち、西牟田親《ちか》毎《つね》を討伐、溝口鑑資《あきすけ》を降し、さらに反乱軍の拠点三池山城（大牟田市今山）を攻め落とした。

城主三池上総介親員《かずさのすけちかかず》は大友軍の猛攻を支えきれず落城前に肥後国へ脱出した。筑後の反乱はこうして鎮圧された。

この叛将討伐には国人上妻氏も動員されて従軍したことが次の「上妻文書」に記されている。

（読み下し文）

三池退治の儀に就き、彼の表に至り出張の段申し候のところ、早速馳走《ちそう》、案中乍《あんちゅうなが》ら祝着候《しゅうちゃくにそうろう》、親員《（三池）》一城相支《あいささ》え候故、隈本《（熊本）》落去延引の条、此節《このせつ》別して忠貞を励まれるべきこと頼み入り候、必ず追って一段賀《が》し申すべく候、恐々謹言

七月廿一日《（天文十九年）》　義鎮《（大友）》花押

上妻上総介殿

大友氏は領国中どこで戦いが始まっても、これら筑後の大名分、高一揆衆らに出兵を命じ、筑前、肥前、肥後はおろか豊前や日向の奥地までも従軍させ、南征北伐に駆り立てた。永禄年中、豊前の毛利方

の拠点となった松山城（京都郡苅田町）攻めに星野家の山七人衆の筆頭樋口越前守の勇戦ぶりが、大友家の目にとまったこともあった。

九州戦国時代、南北の勢力は、中原《ちゅうげん》の鹿を追って筑後をめざし、この地を戦略の拠点として北上をはかり、また南下して肥後領に進入するなど、筑後がつねに踏み台にされた。

当時、他国の軍勢の出入りがいちばん激しかったのは筑後と豊前であったろう。ただ筑後の場合は大友氏の統治期間が長くつづき、その間他国から侵略を受けることがあっても大友の軍事力によって処理された。それほど筑後の地は各勢力の交差する地点で、豊沃な平野と海湾、河川をひかえて軍事・経済に大いに利用されたのである。

安武河内守鎮則及び夫人の墓（糟屋郡新宮町）

大友氏は前記蒲池氏を二家に分立させて、互いに争わせ、その勢力の分散をはかったのをはじめ、国内の城主たちに対しては、城の移転、改築や新城構築などにも目を光らせ、すべて大友家の許可を受けねばならなかった。

次の文書は田尻伯耆守《ほうきのかみ》親種が、水を引き入れることができなくなったため三池郡田尻村（みやま市高田町）から領内の山門郡高（鷹）尾村へ移城した際の願い出に対する大友義鑑の裁許状で、天文年中のものである。

就近年覚悟之要害水手相損候、至領内高尾《（鷹尾）》、可被取移之由候、為直城培々堅固之才覚専要之段、肝要候、猶入田丹後

守可申候、恐々謹言

九月三日　　　　　　　　　　　　　　　　　　義鑑

田尻伯耆守殿

（読み下し文）

近年覚悟の要害について水手《みずのて》相損じ候、領内高尾（鷹尾）に至り、取り移らる可《べ》くの由に候、直ちに城と為し倍々堅固《ばいばいけんご》の才覚《さいかく》専要の段、肝要に候、猶入田丹後守《なおにゅうたたんごのかみ》に申すべく候、恐々謹言《きょうきょうきんげん》

九月三日　　　　　　　　　　　　　　義鑑（大友）

田尻伯耆守《ほうきのかみ》殿

また、城の移転、改造のみならず、国内の諸豪の通道を制限し、大友家発行の証札なしには他国はもちろん自国内すら勝手に通行ができなかったほどで、次の矢部の五条氏に対する大友義統書状によってもそのことがうかがえるのである。

「五条家文書」

鎮定（五条）当知行分之事、従前々諸点役、公事等免許之段、以証文承候、縦雖無其儀候、近年別而被励馳走之条、弥不可有別儀候、殊諸関通道往反之儀、是亦同前令赦免候、為御存知候、恐々謹言

十二月廿八日　　　　　　　　　　義統（花押）

五条殿

（読み下し文）

鎮定《しげさだ》（五条）当知行《とうちぎょう》わけのこと、まえまえに従い諸点役《しょてんやく》、公事《くじ》等免許の段、証文を以て承《うけたまわ》り候、縦《たとえ》其儀なく候といえども、近年別して馳走励《ちそうはげ》まされ候の条、いよいよ別儀《べつぎ》有るべからず候、殊に諸関《しょせき》通道往反《おうはん》（関所の往復）の儀、是また同前赦免《しゃめん》せしめ候、御存知となし候、恐々謹言

十二月廿八日（天正十一年）　義統（大友）（花押）

五条殿

これに対し、豊後の国士たちの通道は自由に許されていたし、大友家特定の商人や、僧侶たちにも特権が与えられていた。永禄十年六月、博多商人島井宗室が臼杵に大友宗麟を訪ねていることなどはその例である。

このほか筑後国内の国人たちの任官、叙位、補職、知行、坪付、家督相続の許可、段銭（租税）の賦課、行賞、処罰などにいたるまで、大友家の決裁を仰がねばならなかった。

大友家は段銭の賦課に対して、天文十五年、将軍足利義晴の子菊憧丸（義輝）の元服費用三万疋（一疋は銭十文）の京都下知（幕府命令）にこたえるため、豊後、筑後、肥後に対して徴集を命じている。筑後の五条氏をはじめ、各国人たちが、この課税に対してさっそく応じたことはいうまでもない。

「五条家文書」

京都御下知之条、段銭之事申候処、厳重馳走感心候、猶年寄共可申候、恐々謹言

九月六日　　　　　　　　義鑑《大友》（花押）
五条殿

当時、大友領国内では軍事・行政・警察・交通・通信全般にわたって、筑後はいちばん統治機関が整備されていたから、国内の城主らがいかに叛いても、大友の軍事力の前にたちまち平定されてしまうのがおちであった。

謀略星野討ち

永正十年、筑後の星野伯耆守重泰が大友家に叛いた。星野の先代は、かつて大友家に対して「七代までも弓を引くまじ」と起請文を入れて忠誠を誓ったのであるが、伯耆守は叛旗を翻すに当たって、この起請文を大友家に返すとともに、一日のうちに七度の葬式をとり行って戦にのぞんだという。星野氏は生葉郡に本領を有し、南北朝期には同族黒木氏とともに、南朝方として活躍した家系である。戦国の頃は生葉、竹野両郡五百町を有する筑後の大身であったが、重泰のとき妙見城に拠って大友氏に服さなかった。

この重泰はなかなかの武将で、要害をたのんで勇敢に戦い、臼杵、志賀・古庄らの大友軍をさんざん苦しめた。そこで大友義長（宗麟の祖父）は、臼杵安芸守親連《あきのかみちかつら》の家臣で、小柄だが智勇で聞こえた竹尾新左衛門（竹生外記介《げきのすけ》）をひそかに呼び寄せ、星野重泰暗殺の一策を授けた。

義長はまず竹尾を謀叛人に仕立てて、「叛心あり」という噂を流させ、まえもって竹尾と、その家族を府内から逃がしてから、三日後にその屋敷を急襲させて焼き討ちにしてしまい、わざと追手をさし向

筑後三池	陸九里、船十里
〃柳川城	陸五里、船八里
筑前福岡城	陸十一里
〃秋月城	陸七里
〃東蓮寺城（直方）	陸十五里
豊前小倉城	陸二十一里
〃中津城	陸二十五里
〃彦山下鳥居	陸十四里
豊後竹田城	陸三十一里
〃臼杵城	陸四十八里
〃木付城	陸四十二里
〃日出城	陸四十里
〃佐伯城	陸六十三里
〃府内城	陸三十一里
〃森	陸十八里
〃日田城	陸十一里
肥前佐賀	陸七里、船七里
肥前唐津城	陸十八里、船九十一里
〃大村城	陸二十九里、船八十三里
〃平戸城	陸二十九里、船八十里
〃五島城	船百十一里
〃島原城	陸三十四里、船二十五里
〃長崎	陸三十五里、船六十一里
〃諫早	陸二十八里、船二十五里
〃対馬府中	船百四十六里
〃壱岐島勝本	船九十里
日向県《あがた》城（延岡）	陸五十一里
〃佐土原城	陸六十六里
〃高鍋城	陸六十三里
肥後隈本城	陸二十里、船二十六里
〃天草	船三十九里
〃人吉城	陸四十八里、船四十一里
薩摩鹿児島城	陸六十八里、船二十一里

＊『筑後地鑑』より作成（一里は約三・九キロメートル）

久留米からの交通里程表（藩政時代）

けた。

当時、大友家中では突然起きた竹尾事件に驚くとともに、かれに対する義長のすさまじい仕打ちに心を凍らせたのである。敵を欺《あざむ》かんとすれば、まず味方からというわけで、義長のこの謀略は極秘にされて、外部にもれなかった。

一方、わざと顔に切り傷をつけた竹尾は妻子を連れて、星野伯耆守のもとへ走りこみ、助けを求めた。最初、重泰はこれを怪しみ、そっと家臣や乱破《らっぱ》（間諜）をつかってその事実を調べたところ、竹尾の言ったことにまちがいなかったので、やっと、その疑いを解き、竹尾とその妻子を保護することに決めた。その後、竹尾は巧みに伯耆守に取り入り、もちまえの智略を認められて、次第に重用され、二年ほどの間に側近のひとりになった。敵を信用させ、暗殺者としてその機会を狙っていた竹尾は、いよいよ決行の日が近づくと、ひそかに妻子を豊後に送り返してその日を待った。

「或る時星野風呂に入る。折節《おりふし》、児扈従《じのこじゅう》禿《わずか》一、二人計《ばかり》、側に置かれたる時、竹生（尾）九寸五分の鐙《よろい》通し（短刀）を以て三刀まで突通し、とどめをさし、井楼《せいろう》に上り、城楼の下に深淵有に飛入《とびいり》」（『大友興廃記』）とあるように、難なく星野重泰を仕とめて城を脱出、主人臼杵親連の居城、筑前柑子岳《こうしがたけ》（福岡市西区今津）へとのがれた。

さっそく豊後へ暗殺成功の知らせが飛んだのはいうまでもない。大友義長は星野を討った竹尾の比類なき手柄をほめ、厚い恩賞をもって報いた。そして、彼の武名を賞し、竹尾を武生に改名させたという。

「大友家文書録」の「義長条々」に、「一、星野九郎か事、親の重泰（伯耆守）が時、我等度々出張候へ共、手にもかからず候を、臼杵安芸守（親連）以了簡《りょうけんをもって》、竹尾新左衛門尉高名無比類《こうめいひるいなく》候、末代及も不可有忘却《ぼうぎゃくあるべからず》候」とあり、星野退治に激しい謀略をもちいている。

大友家の尊崇厚かった柞原八幡宮（大分市上八幡）

無惨豊後参り

大友家には、〝八朔《はっさく》太刀馬の儀式〟という古めかしい儀式があった。大友領国内の大小名は必ず参列しなければならないもので、毎秋八朔（陰暦八月一日）の日に、良馬一頭を柞原《ゆすはら》八幡宮（大分市上八幡）に奉納するため従者をつれて府内へ上り、大友家当主の検閲をうけねばならない。繋ぎ杭に、それぞれの家名、氏姓を記した立札を立て、知行の大小、官位の上下順に整列して、順次点検を受けるのである。

だが、本番はまだこれからで、柞原の森を出た神輿は衣冠束帯の正装をした大宮司はじめ、多くの供《ぐ》奉者《ぶしゃ》がつき従い、別府湾を左にのぞみながら、高崎山の麓をえんえんと長蛇の列をなして生石《いくし》（大分市生石）の祭場へとつづく。もちろん豊後以外の領国から参府した大小名も、これに随従するのである。おそらく華麗な絵巻物を見るようであったにちがいない。

大友屋形（大友家当主の別称）は生石の祭場まで動座して、三十六間に造った屋形桟敷の正面へ着座、左の控桟敷《ひかえさじき》の上座に公方衆や、その代理がすわり、右上座には同じく公方衆、大小名以下各国の使者はじめ、名のある武士が序列にしたがって綺羅星《きらぼし》のように並ぶ。

ちょうど江戸幕府の諸侯参勤の地方版ともいうべきもので、九州に覇をとなえた大友家の勢威のほどが知られるが、大友家にとっては支配地の大小名たちに、武威を示す絶好の場所でもあったのである。

こうして参府した諸公諸将たちはあらためて、大友家の威風にひれ伏し、忠誠を誓わされるのである。このようなセレモニーを無視して、もし参府の礼を欠けば、異心ある者として、たちまち処罰される。

天文年間、筑後の旗頭蒲池鑑貞はこれを怠ったため、府内に呼び出されて、誅殺されてしまった。「西国盛衰記」に、この蒲池誅殺の場面が描写されている。

ところで、鑑貞という名は蒲池系図には見えず、鑑久かとも考えられるが、官名が弾正忠（鑑貞）と、武蔵守（鑑久）とそれぞれ違う。鑑貞以外で弾正を名乗るのは鎮並ぐらいだが、年代が異なり、果たして誰なのか不明である。

龍造寺氏と蒲池氏

龍造寺の危機と仁愛の将蒲池鑑盛

前述のように筑後は豊後の大友領国としての支配が、長期間にわたってつづくが、その間、国人たちの反抗もあった。しかし、すぐ制圧されてしまい、筑後国内においては大きな戦乱はなく、外敵の侵攻も大友の軍事力で阻止され、比較的平穏な期間があった。

だが、隣国肥前では天文十四（一五四五）年に政変が起こった。室町争乱の世を通じて、北部九州では小弐氏が拠点にした肥前国内が主戦場となった感があり、戦国初期の大永、享禄、天文の初めにかけて、探題渋川氏と、これを援助する中国の雄、大内氏に対して、鎌倉以来の名家で、大内氏に筑前を追われた少弐氏（本姓武藤）と、これをバックアップする大友氏連衡の対立抗争がつづいた。

その頃、少弐家の被官（家臣）であった龍造寺氏は、衰退する少弐家中にあって、享禄三（一五三〇）年、神埼の田手《たで》（田伝）畷《なわて》において大内軍を破り、以後、少弐の中心勢力となって働く。

大内氏は少弐勢力を弱めるため、龍家（龍造寺家の略称）の抱きこみをはかり、やがて成功する。乱世のならいとはいえ、衰退の一途を辿る少弐家には明日がなかった。巨大な大内勢力の波が肥前国内にひたひたと押し寄せ、やがてはその波の中に、肥前の国人たちは泡沫《うたかた》のように没し去る運命にあった。かれら弱い者が、家の存続をはかるためには、知恵を働かせそれなりに大国の力を利用して、生きていかねばならなかった。二股膏薬《ふたまたこうやく》、無節操といわれようが、滅亡するよりはよしとする考えがあった。龍家が大内氏になびいたのも、源平以来天文まで、約四百年間にわたる肥前の旧家を潰したくないという気持ちからと、時代の流れを敏感に嗅《か》ぎとる鋭敏な洞察力があったからであろう。この頃の龍造寺氏は大内氏と通じ、また少弐家とも旧交を維持しつつ、両面外交を取りながら、次第に勢力をつけていったとみられる。

この龍家の勢運が上るにつれ、これを心よしとしない者もいた。神埼郡綾部城（佐賀県三養基郡みやき町）主の馬場頼周《よりかね》は少弐一族であったが、龍家の声望をねたみ、折にふれ、当主少弐《しょうに》冬尚《ふゆひさ》に、「当家衰運の原因は龍家が宿敵大内に通じたからであり、今にしてこれを討たなかったら、必ず大きなわざわいとなりましょう」と説いて、冬尚の心を煽った。

かくて冬尚の「龍家討つべし」の一言で討伐の軍議がひらかれ、小田政光、千葉頼胤《よりたね》、神代勝利《くましろかつとし》、高木鑑房《あきふさ》らを中心に、ひそかに計略が進められていった。

しかし龍家には家兼（剛忠）の子、家純はじめ、孫の周家、純家、頼純などの勇将が多く、まともにぶつかっては手ごわい相手である。そこで冬尚は南肥の有馬、上松浦の波多、鶴田、多久など、各方面の少弐友好の諸氏と内通、わざと挑発的行為を取らせて、少弐への偽装軍事行動を取らせるようにしむけた。

ついに冬尚は龍造寺党にこれらの討伐を命じた。龍造寺家兼はこれが謀略とも知らず、その指示にしたがい、舎弟盛家や嫡子家純、家門はじめ、一門・郎党たちを各方面へ分けて出動させた。謀略による龍家殲滅《せんめつ》作戦である。

　天文十三年冬、一門の総帥、龍造寺家兼は当時としては珍しい九十一歳の高齢であったが、残された若干の郎党や婦女子を指揮して佐賀（古名は佐嘉）城を守った。

　天山おろしが吹きつける寒風の中を、西へと進んだ龍造寺軍は各方面に分かれて戦った。しかし、戦況は惨たんたるもので、まず盛家の軍が、松浦党の波多、鶴田の諸勢のためさんざんに敗れ、盛家・満家父子は戦死、杵島方面や藤津郡でも有馬軍に敗れて戦力は分断され、生き残った将兵は命からがら佐賀へ逃げ帰った。

佐賀（佐嘉）城趾（佐賀市城内）

　勝運に乗った有馬・波多の兵たちは敗軍の龍造寺勢を追って佐賀へと迫る。肥前東部の八戸《やえ》・高木・小田・馬場・横岳・犬塚・姉川・神代などの諸勢も冬尚の命で、いっせいに佐賀城めざして攻め寄せ、東西から包囲態勢を取った。龍造寺にとっては驚くべきことで、主家少弐の命で出兵し、一門の多くを失い、やっと帰城すると、今度は味方であるべきはずの少弐の軍勢によって包囲されているのである。龍家の運命はまさに風前のともしびであった。
　龍家討伐の立案者、馬場頼周はすべて計画どおりになったことを喜び、今や袋の鼠となった龍造寺一門の息の根をとめるため、さらに甘言をもって家兼に開城をすすめた。
「冬尚公が、今回貴家に軍をさし向けたのは貴家が大内と内通したことによるもので、すでに大軍が蟻のはい出るすきまもないほど城をとりまいております。ここはひとまず下城して、この地を離れ、それぞれの所で謹慎して逆意のないことを示されるならば、冬尚公も許されるでしょう。決して悪いようには致しません。しばらくの辛抱です」と、まことしやかに説いた。

家兼の老臣、鍋島清久らはこれを疑って、籠城をすすめたが、家兼は頼周の言葉を信じ、ひとまず開城して落ちのびることにした。

天文十四年正月二十二日、佐賀城は開城され、家兼は馬場頼周の指示にしたがい、それぞれ分かれて城を出た。このとき、家兼とその郎党たち数十人（一説に二、三十人）が頼ったのが、筑後柳川城主蒲池近江守《おおみのかみ》鑑盛（後に宗雪と号す）である。おそらく馬場は同じ大友方の筑後の領袖蒲池氏を落去先に勧めたものと思われる。

馬場頼周は家兼らが筑後へ向けて去ったのち、山内の神代勝利《くましろかつとし》としめし合わせ、家兼の子家純、家門、孫の周家、純家、頼純、家泰ら龍造寺一族の主だった者六人を、川上・祇園原で、それぞれ討ち取って龍家を潰滅《かいめつ》状態に追いこんだ。

蒲池鑑盛は落ちのびてきた家兼主従を温かく迎え、三瀦郡一木《ひとつき》村（現・大川市一木）に住まわせ、食糧・衣服などを贈ってもてなした。家兼一行は二カ月あまりの流寓ののち、やがて鍋島清久らの力で、仇敵馬場頼周を討ち、佐賀に復帰することができた。鑑盛はかれらの復帰を喜び、このとき護衛の家臣をつけて送らせている。

家兼は剛忠入道と号し、後世佐賀の人たちから、〝剛忠さんの時代〟といって敬慕された慈愛の将であったが、それにも劣らぬ仁愛の将、蒲池鑑盛の温情はこのとき家兼の心に強く焼きついていただろう。

将は将の心を知るということである。

翌天文十五年、龍造寺山城守家兼は水ヶ江城（佐賀市水ヶ江）で、九十三歳の長寿をもって世を去ったが、死期にのぞんで「曾孫、長法師を還俗させて龍造寺の家を継がせよ」と遺命した。長法師はその頃、円月と称し宝琳院（佐賀市鬼丸）で修行していたが、曾祖父家兼が見込んだとおり、すでに大器の資質があった。その後、かれは遺命どおり還俗して、龍造寺の家を継ぐ。これがのちに九州三強のひとりになる龍造寺隆信である。ときに十八歳。

天文十九年、豊後大友家に惣、庶子対立の家督相続をめぐる内紛が起こり、大友義鑑の嫡子義鎮派が庶子の塩市丸派を粛清して、当主の座をかち取った。世に「大友二階崩れ」といわれているが、筑後と密接な関係があった大友家の内紛は筑後国内にも大きな影響を与えた。

蒲池鑑盛想像画（吉田直子画）

この年、肥後の菊池義武が隈本城（熊本城の前身）で反大友の軍事行動を起こしたが、筑後でもこれに応じて、西牟田親氏、三池親員《ちかかず》、溝口鑑資《あきすけ》らが大友へ叛旗を翻《ひるがえ》した。これに対して、高良山《こうらさん》座主や蒲池鑑盛、同鑑広、田尻鑑種、星野鑑乗らは大友に属し、互いに攻防を繰り広げ、筑後の地は戦雲に覆われた。だが、まもなく豊後勢が到着して反大友の諸城を攻めたので三池、西牟田、溝口らは次々に降伏した。
また、その翌年、それまで少弐・大友と戦い九州に勢力を伸ばしていた中国の雄、大内義隆が家臣陶晴賢《すえのはるかた》の叛逆によって死ぬと、豊前の大内方の諸将の間に動揺が起きた。そして大友義鎮の弟八郎晴英が大内家に入り、大内義長と名乗って当主となったのを機に、九州の地より旧大内勢力の一掃に乗りだす。

九州の勢力図は塗りかえられ、それまでの様相は一変する。大内にかわって大友勢力が幅をきかし、肥前でも少弐氏が息を吹きかえして、大友の援助で龍造寺氏を圧迫する。隆信が龍造寺本家を継ぐに当たっても、大友方の横やりがはいり、肥前国内十九の城主たちが、いっせいに大友方について隆信を攻めようとした。

このとき、蓮池《はすいけ》城（佐賀市蓮池町）主の小田政光の老臣深町理忠《まさただ》が隆信に和議をすすめてきた。隆信は六年前の馬場頼周の苦い例があるので、「わしは、この城で潔《いさぎよ》く腹を切る」と言ってきかなかった。しかし理忠は「いつわりは申さぬ、拙者が人質となって城中に入る」と、刀をはずして城中に入ったので、隆信は疑いを解いて開城を承知し、十月二十五日、夫人や一族家臣七十余人を連れて城外に出た。

隆信らはこのときも、家兼のときと同様に筑後へ落ちた。「爰《ここ》筑後国蒲池鑑盛と云人《いうひと》ハ下筑後にて威をふるひ武勇のほまれ有《あり》和歌管絃にも長じ情ふかき人也しかバ公の浪々を、あわれみ」（『肥陽軍記』）とあるように、柳川の蒲池鑑盛は宗雪と号し、当時三十過ぎの男ざかり。肩幅がひろく、がっしりした、眉毛の濃い精悍《せいかん》な風貌が浮かぶ。かれは前回と変わらず温かくこれを迎え、一族や家臣たちに対して、「龍造寺氏は代々肥前で名高い武門の家である。時運に恵まれず落魄《らくはく》の身となったが、武士は相身たがいである。いたわってつかわせ」とさとして、かつて家兼が住んだ領内の一木村、禅宗幸福寺に住まわせ、三百石を扶持し、家臣原野恵俊《しげとし》に隆信一家の面倒をみさせた。隆信の家臣たちは小坊村（大川市小保ヵ）に住んで、それぞれの生計を立てたのである。

隆信は流寓中、佐賀の旧臣たちと連絡を取り、復帰の機会を狙っていたが、二年後の天文二十二年七月二十五日、佐賀城奪回のため、鹿江《かのえ》兼明《かねあき》らが用意した舟で住みなれた一木村を出発した。鑑盛は「今はひとの身、明日はわが身ぞ」と、隆信の再起に協力して二百の精兵を選んで、佐賀まで護送させた。隆信はまもなく佐賀城を奪回して、次第に勢力をつけ始める。隆信が佐賀を回復できたのは物心両面にわたって援助した鑑盛の力が大きく、龍造寺にとって蒲池家はまさに大恩人であった。鑑盛の嫡男鎮並はこの時、元服前の十二、三歳であったと思われる。

もし鑑盛にその気があったなら、流寓中の隆信らを討つことはなんでもないことだったろう。まして大友家に忠実な鑑盛にとって、大友と友好関係にある少弐を敵と狙う龍造寺は、いわば反大友の立場にあるもの。これを討つことは大友家に忠貞を尽くすということにもなる。だが鑑盛にはそんな汚い心がなかった。「戦は戦場で」というのが、かれの信念で、いくら乱世とはいえ、人の弱みにつけこんで、おのれの利をはかるという卑劣さをもっとも嫌う清廉な武将であった。

こんな鑑盛の潔白さとはうらはらに、龍造寺隆信は乱世とはいえ、みさかいもなく人を殺し、のちに

蒲池氏略系図

蒲池氏初代・三河守 宇都宮久則(久憲)――下野守 義久――右馬大輔 繁久――兵庫頭 親久――筑後守 治久――武蔵守 鑑久――近江守 鑑盛――弾正少弼 鎮並

（治久）――和泉守 親広――志摩守 鑑広――兵庫頭 鎮運

＊「蒲池物語」より作成

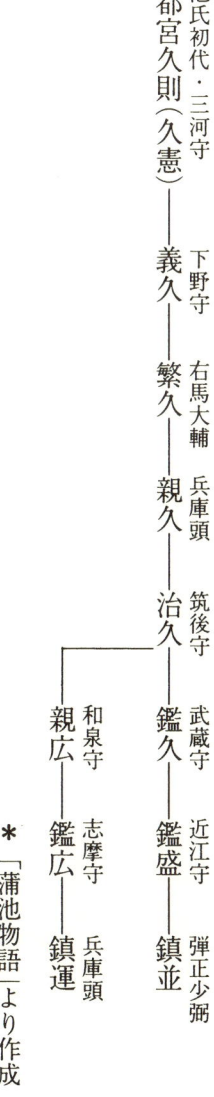

鑑盛の子、蒲池鎮並を佐賀におびき出し騙《だま》し討ちにして、大恩ある蒲池家を滅ぼしてしまうのである。

蒲池の祖・宇都宮氏

蒲池氏の祖宇都宮氏は、前述のように下野国《しもつけのくに》（栃木県）宇都宮より起こっている。「宇都宮系図」によると、宇都宮氏の祖は遠く大織冠藤原鎌足に発すという。その十四代の孫藤原宗円は鎌倉幕府創業に参加し、源頼朝の有力御家人となった。関東七名城の一つと称された宇都宮城（宇都宮市）は、康平六（一〇六三）年、宗円が築いたといわれる。

宗円は、宇都宮大明神を祭る二荒山《ふたらさん》（日光二荒山東照宮とは別、宇都宮市馬場町二荒山神社）の座主としてこの地を治め宇都宮氏の基礎を築く。宇都宮の地名の由来については諸説あるが、往古は「古多橋駅」と呼ばれていたのを宗円以降、二荒山神社が下野国の一の宮であったことから「一の宮」が「ウツノミヤ」となまり、宇都宮氏を名のるようになった。一方、居城（宇都宮城）の地名が宇都宮になったとも伝えられている。

蒲池氏家紋
左三ツ頭巴紋

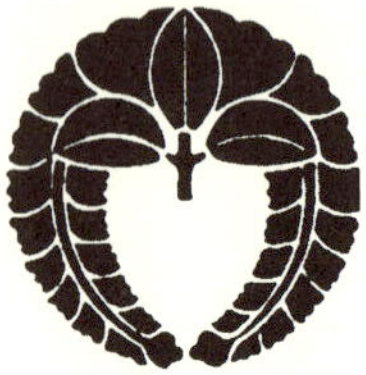

下がり藤
（山下城主蒲池氏）

鎌倉時代には、源家の祈祷師として頼朝の信任が厚かったといわれるが、宇都宮氏はもともと兵法の家柄で、その構成の母体となった紀・清（紀氏・清原氏）両党を両輪として、「奇・正の陣」といわれる陣法が生まれ、のちには「七車の備」という陣法にかわった。とくに国家非常の際、戦勝祈願に執行される「蓬射《ぼうしゃ》」の射法は有名であるが、元寇の国難においても、鎌倉鶴ケ岡八幡宮の社前においてしばしば射行さ

崇久寺（柳川市東蒲池）の蒲池一族の墓。手前の笠塔が鑑盛の墓と伝えられている

れている。

宗円以後、宇都宮氏は宗円の兄兼仲の子、宇都宮大和守信房が関東からの〝下り衆〟として、北部九州に入部し、一説に豊前守護職または総地頭として子孫が各地に繁衍《はんえん》する。その後、元寇の役にも宇都宮氏は九州に来着した。筑後宇都宮氏の場合、蒲池・小田・犬塚・大木・矢加部・酒見氏などの同族の流れが、さらに先住の田尻・三池氏などの大蔵党と血縁を結んで、繁栄していったものと考えられる。

なお宇都宮氏の家紋「左三ツ頭巴《ともえ》紋」は有名であるが、もともと巴紋は弓を射るときに用いた武具の鞆の形を図形化したもので、弓射軍法の家柄にふさわしい家紋である。のち天正六年、耳川合戦で蒲池宗碩《そうせき》は大友家の軍法者として戦死するが、多くの戦陣で陣立てを宰配しているのも、この因縁によるものであろう。蒲池氏の場合は、宇都宮家紋「左三ツ頭巴」のほかに、鶴紋も使用した。

蒲池氏は宇都宮氏の一族によって継承されたが、それ以前の蒲池氏は承久年間（一二一九―一二二二）嵯峨源氏の流れをくむ松浦党の一族、源三円を祖として起こり、『蒲池家譜』に「八代久直、筑後蒲池庄地頭と為る」とあり、十二代出羽守久氏の頃には家運衰退し、嗣子がなかったため宇都宮久憲がその跡を継いだ。つまり松浦系蒲池氏を、宇都宮氏が継いだのである。

蒲池氏の氏神・三島神社（柳川市西蒲池）

　蒲池氏信仰の氏神として三島神社があるが、蒲池氏五代治久の頃は柳川の守護神として崇敬し、出陣、戦勝祈願も行われたようである。蒲池氏の菩提寺は長福寺と城中寺であった。長福寺は妙心寺派として後醍醐天皇の勅願寺となったこともあったが、兵火にかかり焼失、その後再建されたが再び兵乱で焼かれ、領主蒲池氏によって再興された。境内は四町にも及ぶ広大なものであったという。治久の死後、その法号をとって宗久寺と改めたが、さらに崇久寺と改まった。

　城中寺はのちに城忠寺となったが、かつて五山派の禅寺であった。江戸初期、柳川福厳寺の末寺となり黄檗《おうばく》宗となった。

　天文二十三年には、南北朝期以来、筑後へも勢力を及ぼした肥後の名家菊池家が滅亡し、鎌倉以来鎮西奉行人や筑前国守護の家柄であった少弐氏が衰退し、かわって肥前の龍造寺氏が脚光を浴びてきたが、九州は新しい変革期にはいったのである。

田租（租税）について

　ところで当時の租税（田租）はどうなっていたであろうか。

斗代	例数	田品	平均穫麦六斗の場合の率	税率概数
八升(六合)代	1	下々田下	一分三厘余	二公八民
一斗五升代	5	下々田中	二分五厘	三公七民
一斗八升代	6	下々田中	三分	三公七民
計	12			
二斗代	5	下々田上	三分三厘余	四公六民
二斗三升代	7	下々田上	三分八厘余	四公六民
二斗五升代	6	下　田下	二分七厘余(平均穫米九斗の場合の率)	三公七民
二斗七升代	1	下　田下	三分	三公七民
二斗八升代	1	下　田下	三分一厘余	四公六民
計	20			
二斗代	3	下　田中	三分三厘余	四公六民
三斗一升代	2	下　田中	三分四厘余	四公六民
三斗五升代	3	下　田上	三分八厘余	四公六民
三斗七升代	1	下　田上	四分一厘余	五公五民
計	9			
合計	41			

「筥崎宮所領筑後国蜷河村検麦帳」より算出した税率概数
(『福岡県史』第1巻下〈福岡県、1962年〉より転載)

税率概数	例数
二公八民	1
三公七民	18
四公六民	21
五公五民	1
計	41

田品別	例数
下々田	24
下田	17
計	41

「筥崎宮所領筑後国蜷河村検麦帳」より算出した税率概数と田品別の例数

『筥崎宮史料』に収められている、筥崎宮所領の筑後蜷河《にながわ》村（現・久留米市大橋町）における延徳四（一四九二）年の検麦帳から、税率概数を記した表が『福岡県史』第一巻下に記されているので、ここに参考のため転記してみよう。斗代《とだい》とは畑一反当たりの租税を言う。

この表でみると、作人負担は四公六民が多く、次に三公七民となっているが、これはほんの一例で、大友支配地の田租納率は時代によって多少の増減があったとしても、戦時下軍事費の調達のため、おそらく上・中・下の田品を通じ、所得の二分の一以上の田租であったと思われる。

また、高良山神領の下地職、草野親永が神領に対する税未納を訴えたことが「草野文書」に記されているが、貢納さるべき税金が入ってこないので、困窮した一山衆従の過半数が離山するほど貢租が実行されなかった。

天文から永禄へ

天文年間は戦国期の中でも特異な一時期を画している。前述のように伝統の名家が滅び、新しい勢力が擡頭《たいとう》しつつあったし、また天文十二年にポルトガル人が伝えた鉄砲の出現によって戦闘法に一大変革をもたらしたことや、キリスト教宣教師らの渡来で、国内に極めて重要な出来事が起こっている。筑後関係の天文年間の出来事を以下に記す。

天文年間の筑後と関係深い事項

天文三年　筑後合戦に軍功があった五条氏に大友家より感状を与える。

　五年（六月）大友、大内和睦に尽力した三原氏に大友義鑑坪付を与える。

　八年　大友義鑑、鰺《あじ》坂荘七五町を高良山座主坊に安堵す。

十二年　台風多発し、米穀の類一粒もあらず、天下大いに飢饉、餓死するもの多し。

十二年　ポルトガル人鉄砲を伝える。

十四年　龍造寺家兼、蒲池氏をたよる。

十六年　少弐冬尚、龍造寺隆信に追われて筑後へ落ちのびる。

十七年　筑後に流寓中の少弐冬尚、勢福寺城へ復帰。江上武種を執権とする。

十八年　宣教師フランシスコ・ザビエル鹿児島で布教開始。

十九年　大友義鑑、家臣の反逆で横死。嫡子義鎮家督となる。

　筑後国人、西牟田・溝口・三池ら、肥後の菊池義武に誘われ大友氏に反逆する。

二十年　大内義隆、重臣陶晴賢によって滅ぼされる。

　大友晴英、大内家を継ぎ、大内義長と名乗る。

二十三年　菊池義武、大友義鎮によって滅ぼされる。

＊天文二十四年は十月二十三日をもって弘治と改元された。

弘治元（一五五五）年、中国地方で九州に影響を及ぼす重大な合戦があった。毛利元就と陶晴賢の両軍が戦った安芸《あき》の厳島合戦である。陶は旧主大内義隆を滅ぼしたあと、豊後の大友義鎮の弟晴英を大内家の当主に迎え、大内義長と名乗らせ陰からこれをあやつって、国政の実権を握った。だが、旧主大内義隆の仇を報ずるという大義名分をかざして挙兵した毛利元就によって厳島神域で大敗し、防長の歴史は毛利によって塗りかえられる。

元就はさらに弘治三年、偽主とみなす大内義長を長府に追いつめて自刃させ、防長の地から大友の影響力を一掃した。

やがて毛利は、大内時代の遺領、豊前や筑前の地を手に入れようとして九州への進出をはかり、間諜をはなって豊・筑・肥の諸豪に対して、大友との離間工作をすすめる。古処山の秋月文種や五ケ山（那珂郡、現・筑紫郡那珂川町）の筑紫惟門や、高祖《たかす》（怡土郡、現・糸島市）の原田隆種らが毛利に通じたのもこの頃で、かれらは大友軍の討伐を受けて降伏、あるいは遺児たちは毛利をたよって落ちのびた。

一方、永禄二（一五五九）年、少弐冬尚は、東肥前の勢（盛）福寺城（神埼市神埼町城原）で龍造寺隆信に攻められて自害、鎌倉以来の名家少弐氏は十五代で事実上滅亡した。この年、大友義鎮は筑前・豊前両国守護職に任ぜられ、併せて九州探題職をも掌中にした。ところで、龍造寺氏に滅ぼされた少弐家の執権であったのが筑後の江上氏である。

筑後勢討死

大蔵氏一門の江上氏

江上氏は漢室の帰化人、大蔵氏の支族であり、先祖の一族が三潴郡江上に住したことから江上氏を称したのが始まり。久留米市城島町の荒人神社江上本一帯が江上城趾のあった所と伝えられ、筑後江上氏発祥の地である。なお筑後では田尻・三原・美気《みけ》・原・高橋氏らと同族で、古賀・枝吉・米倉氏らもその系流といわれる。

大蔵氏は九州一円に繁衍《はんえん》したが、とくに平家時代に北部九州で原田・粥田《かゆた》・山鹿《やまが》・板井・砥上・秋月など、強大な大蔵王国を形成した。だが、平家滅亡とともに勢力を失い、国人として南北朝・室町期へとくぐりぬけ、時代によって、少弐・菊池・大内・大友・毛利・龍造寺・島津へと去就《きよしゅう》を変転しながら生きつづけた。肥前神埼庄（現・神埼市）は元寇の役の恩賞地で、ここを賜ってから肥前との結びつきが始まり、小さな出城をつくっていた。

元寇の役後、永享六（一四三四）年、江上常種は少弐氏について探題渋川満直を討った。のちに筑後より神埼に移住。少弐の代官として城原の勢福寺城を本拠に、日吉・箱川などの諸城を擁して、東肥前に勢力を伸ばし、わずか数キロ離れたところの渋川氏の居城、綾部城と対立した。

のち、主人の少弐冬尚に城を譲ったが、永禄二年、少弐冬尚は龍造寺隆信に攻められて自害し、執権江上武種は龍造寺に降り、のち隆信の子を養子にして江上家を継がせ江上家種と名乗らせた。おそらく龍造寺による江上家乗っ取りの謀略があったと考えられる。

江上家の菩提寺として、家種以後は城原町の至福寺（禅宗）があり、前期のものは久留米市城島町江上本の林松寺（真宗）がある。家紋は梅鉢で、のち少弐氏の家紋と同じ丸に四目結にかわる。

討死する者数知れず

永禄の初め頃から、毛利軍は関門の海を渡って九州に侵攻、門司城をめぐって大友軍と互いに奪《と》ったり奪られたりの攻防戦が展開された。とくに永禄四（一五六一）年の合戦は、大規模なことで知られるが、筑後勢は肥後・豊後勢とともに出陣し、企救郡内（現・北九州市小倉）に陣をとり、毛利軍と戦った。門司合戦は永禄七年、大友・毛利の間に講和が成立し、元就の九男小早川秀包《ひでかね》と義鎮の娘との婚姻が結ばれた。しかしこの年（永禄十年説あり）、五ケ山（現・筑紫郡那珂川町）の筑紫惟門に対する大友軍の討伐があり、筑後長岩（巌）城（うきは市浮羽町新川）主問註所鑑豊《あきとよ》は手勢七百人を率いて出陣したが、筑紫勢に追い崩されて包囲され、大宰府周辺の侍島（筑紫野市下見）で戦死した。

『北肥戦誌（九州治乱記）』は次のように記している。


時に大友の軍士打負けて、府内よりの検使佐藤刑部丞立所《たちどころ》に討たれぬ。是を見て、肥前の犬塚尚家、筑後の星野鑑泰・問註所鑑晴・麦生兄弟返合せ〱皆討死しけり。其外蒲池武蔵守鑑盛・田尻伯耆守親種踏留まりて、大いに挑戦し、中にも田尻が手には敵の首五十三級討取りしかども、敗軍の習《ならい》、其場を踏まず。味方にも討たるる者田尻尾張守種任・同名美作入道・同次郎三郎種益并《ならび》に家人七人・又者十三人・彼比《かれこれ》戦死廿三人、疵《きず》を蒙《こうむ》る者田尻玄栄入道以下五人なり。諸家の親類被官も討死する者数を知らず、竟《つい》に筑後衆敗軍しけり。

このように蒲池鑑盛をはじめ田尻・星野・問註所などの筑後勢の多くが出陣し、大友に協力して筑紫惟門の軍と戦ったが、勝運に恵まれず多くの筑後兵が散った。蒲池鑑盛は幸いにも命をまっとうして、柳川へ帰還することができたが、おそらく数百と思われる蒲池勢の中にもかなりの戦死者が出たことが考えられる。

ちなみに鑑豊の娘仁志《にし》(西)姫は、大友の族将戸次鑑連《べつきあきつら》(立花道雪)に再婚した。

このほか筑後竹野郡代職小河鑑昌や国人星野鑑泰・麦生《むぎお》民部大輔などの筑後衆が多く討死している。

次の文書は大友義鎮が、問註所鑑豊の子、刑部大輔《ぎょうぶたいゆう》へ宛たものであるが、親類・家臣数十人の戦死の忠貞を賞し、とりわけ父鑑豊の死に対しての慰めと、その高名を永く忘却しないといって、感謝の気持を表明している。

筑前国侍島に於て、去る二日合戦のみぎり、親父鑑豊ならびに同名親類被官已下《いか》数十人戦死粉骨のおもむき、忠儀比類無く候、就中《なかんずく》鑑豊事、連々《つらつら》頼み入り候処、かくの如きの次第、矇気《もうき》(落胆の意)賢察の前に候、併せて御名字の高名、永々忘却有るべからず候、必ず追ってこれを賀すべくの段、猶年寄共《なおとしよりども》に申すべく候　恐々謹言

卯月七日（永禄七年）　　　　　　義鎮（花押）
問註所刑部大輔殿

首取りと首実検

なおこの合戦で、田尻氏の斬獲《ざんかく》した首五十三級が記されているが、当時は戦場での格闘が行われ、首取りは武士社会における合戦時の名誉ある戦闘行動として称賛され、人間の尊厳を象徴する顔・頭の首《み》級《しるし》が大事にされ、これを斬り取ることが手柄確認の第一とされたのである。そして、名ある武士の首を獲たものが、手柄の上位にランクされたことはいうまでもない。

首取り記事は『平家物語』『信長公記』『陰徳太平記』など、多くの史書・軍記物に記されているが、即物的行為においては近世まで行われていた南方の首狩り族となんら変わりはない。ひとつ獲得すれば、その対象として恩賞が与えられ、立身出世の最短コースとなり、それだけ財産がふえるということになる。首取りという残忍なこの方法は、当時としては戦闘行動の終局の成果として、一方では勇敢の証しであり、また野蛮極まりないというなかで、一種の美学的思想さえ付会されるに至った。

とくにわが国においては、戦国時代にかけてピークに達した感がある。この大量虐殺、首狩りを最も多く行ったのは天下布武の織田信長であろう。叡山の焼き討ちをはじめ、反抗勢力への徹底的弾圧を強行し、権力者として非情な面を見せ、内外から畏怖された。

「頸」と「首」はよく史書に混同して書かれているが、「頸」は頭と胸との間の細くくびれた部分、つまり首すじで、その部分のみを指す。だから〝首実検〟と書くのが普通で、〝頸実検〟と書くのは当を得ていない。

首の価値にも格差があって、ピンからキリまであるが、生前の身分が死後にまでついてまわる。戦闘後に行われる〝首実検〟にしても、敵の大将首はあつらえた檜《ひのき》の首台に置かれ、名ある中堅将校の首は首板に乗せられた。端武者《はむしや》雑兵などはひとまとめにして板上、または路上に置かれた。

首実検の目的は、討ち取った相手が本物か贋物《にせもの》かを確かめる点にもある。戦国たけなわの頃は、謀略・騙し討ちは日常茶飯事であり、影武者ら大将の身代わり首などが紛《まぎ》れこむことがあった。実検の結果、その首が贋首《にせ》とわかれば、至急捜索して追撃しなければならない。その真贋の識別は、故人と面識のある者や、ない場合は降伏した敵の家中の者や領民らの証言で確認された。

永禄・天正頃ともなれば、戦場で取った首は早い順から一番首、二番首と呼ばれ、記録係がこれを首帳に記録する。一番から三番までに番号がつけられるが、普通四番以下は首名と討手の名だけ記すのがならわしであった。首を獲た者はすぐ本陣へ報告、首帳に記載してもらい公認を受けるのである。この場合厳密には本陣へ報告した時刻より、実際に首を取った時刻の方が優先するので、記録係は正確な時間の確認を要求された。

一瞬の行動が要求される戦場において、いちいち首を取るひまがないときは、耳や鼻を切っておく。しかし、顔と違って多くの耳や鼻のひとつひとつの識別は困難なので、たしかな目撃者を証人としなければならなかった。耳塚・鼻塚などの地名の名残は、これらと関係があり、多くの下級武士・雑兵らのものであり、肉体の一部を切断された無名戦士の鎮魂の場所である。

首実検の場所は、普通本陣近くの寺が当てられるが、ない場合は急ごしらえの検分場を設営して、とり行われた。門幕から二、三間離れたところに検視の床几《しょうぎ》が置かれ、検視者や首係の者をはじめ、すべて武装する。これは〝首〟への儀礼と敵の奪取を防ぐためである。首実検中に紛れこんだ敵が、大将に斬りかかるということもあるから、実験場ではものものしい警戒がしかれた。

江戸前期に記された、戦を体験した女性が語る『おあむ物語』に、首化粧をしている女性たちの絵があるが、斬取された首を綺麗に洗い、首実検に供するため見苦しくないように首に化粧をする。当時の女性は当然のように、そのような作業に従っていたのであろう。綺麗になった首は上・中・下と区別され、上級が三宝に似た食台の上に、中級は平板に足をつけた食台、下級は平板をけずっただけの食台に置かれる。

大将は作法に従い、武装して床几《しょうぎ》に掛け、その周囲に武装の家臣たちが並び、手柄を立てた武者が持参した首に注目する。上級の首は披露する者が何々殿の首と「殿」をつけて呼んだ。

実検者に首を見せるときは、首係の者が右手で髻《もとどり》をつかみ、左手を首級の下に当て、首を安定させて首板に置き席につく。それから左手の親指を首の左耳と頭に添え、右手は右顔面にあてがって持ちあげ、首をやや仰向けに左へ向けて首の右側を見せる。このような作法は、初めはなかったが、室町幕府の権威づくりのための礼法、故実となって儀礼化していったものと考えられる。

一番哀れなのは、戦野に骸《むくろ》を曝《さら》す名もない雑兵や端武者のたぐいであろう。家族と別れて戦場へ行き、敗戦すれば敵に討ち殺されて、十把ひとからげに焼かれて土中に埋められ、その骨は遺族の手にも渡らないのである。百人塚・千人塚というのはかれらの悲しい無念墓である。

戦場で獲た首を遠く大将の本陣まで届ける〝首送り〟は、水陸を利用して運ばれた。のちに蒲池氏滅亡のとき、龍造寺隆信の命で、かれら同族同士を戦わせ、かれらの首は舟に積みこまれ、有明海を渡って佐賀へ送られた。

首実検が終わると、首は僧侶などの手で埋葬されるが、相手の遺族がわかっていれば留守宅へ送り返されることもある。首の扱い方は、戦勝者の判断で決められるが、埋葬される首や、送り返される首もあれば、敵対する者への見せしめのため、梟首《きょうしゅ》される首もある。天正六（一五七八）年、日向耳川の戦に出陣した蒲池鑑盛は、郎党とともに壮烈な戦死をするが、かれの首は遠く日向から筑後の故郷へ送り返されたことであろうが、それについて記したものがない。

夏季などは首の腐敗が早いため、遠方への首送りには防腐用に「漬け首」という方法が古くから行われていた。人体のうち、腐敗のもっとも早い部分は脳と腹部といわれるが、「脳味噌」という言葉は脳漿を取り出し、味噌をつめたことから起こったという。前記、蒲池鑑盛の死んだ旧暦十一月は現在の十二月であるが、その頃の気候でも、筑後までの送り首には五日以上を要するので、当然防腐の方法が取られたことが想像されるのである。

高橋氏、大宰府へ

筑後十五城のひとりに高橋氏がいる。大蔵一族であるが、足利尊氏の将高橋光種は、検断職（検察と裁判権をもつ）に任じられ、御原郡下高橋（現・三井郡大刀洗町）に城を築いて居城とした。室町期に入り、足利氏の勢威が衰えるとともに、高橋家もまた検断職とは名ばかりで全く無用の存在となった。戦国時代に突入する頃は、地方の小領主として大友家の支配下に入っていた。

高橋光種から七代の孫、三河守長種には嗣子が無く、天文の末頃長種の死去で、北朝以来の名家も絶えようとした。そこで旧臣たちがはかり、豊後の国主大友義鎮に請うて、大友一族を高橋家に迎え、由緒ある家の存続を願った。義鎮はこれをあわれみ、一族の一万田《いちまだ》左京大夫親敦《ちかのぶ》の次男、左馬之助にその名跡を継がせた。これが高橋三河守鑑種《みかわのかみあきたね》（本姓一万田左馬助のち宗仙と号す）であり、一万田系高橋氏の誕生である。

鑑種は幼少から宗麟の近習《きんじゅう》として仕えたが、武勇にすぐれ、戦場に立つようになると、めきめき勇猛ぶりを発揮して弘治二（一五五六）年（一説に永禄元年）、肥後南関の小原鑑元《おばらあきもと》を討って功をあらわし、その後数々の合戦で手柄を立て、大友家の信任が厚かった。

弘治三年、古処山城主秋月文種が、毛利氏に通じて大友に叛いたが、筑後から蒲池・田尻・草野氏などが出動し、豊後勢に合流して秋月勢を攻め戦功をあげている。鑑種は大友軍の指揮官として、討伐にしたがい活躍した。なお文種の遺児種実・種冬・種信の三子は、猛火をくぐって家臣に守られて落ちのびている。このときの功で、鑑種は主君義鎮から筑前御笠郡二千町を与えられ、御原郡下高橋城から大宰府へ移住し、永禄二年四月宝満山（八七六メートル）に城を築いて、ここを本城とし、四キロほど西方の四王寺山の中腹にある岩屋城を支城とした。

大友義鎮もはるばる豊後から来て、その祝宴にのぞみ、鑑種を賞し筑前守護代の地位を与えた。鑑種は感激して、大友家への忠誠を誓い、その後も大いに働いたのであるが、この鑑種がこれより八年後の永禄十年、大友に叛旗を翻し秋月・原田・筑紫・立花・宗像らの筑前諸士としめし合わせて毛利と結び、豊・筑動乱の首魁《しゅかい》として主家大友を苦しめるようになる。

大友宗麟と毛利元就

振幅のはげしい宗麟

ここで、大友宗麟のことを記しておきたい。大友義鎮は永禄五（一五六二）年以降、宗麟と号した（以下、宗麟と記す）。のちに筑後柳川藩主となる立花宗茂は、大友の一族であり、宗麟の嫡子義統《よしむね》の正室は、宗茂の父（後の岩屋城主高橋紹運）の妹である。つまり、宗麟にとって息子の嫁の甥という間柄。そして、かれは筑後支配にも大きな影響を及ぼした人物である。かれ一代で大友全盛期を築き、また一転してかれ一代で衰退への道を辿る。

宗麟については、これまで多くの研究がなされてきたが、いまだにその評価がまちまちで一定していない。つまり、賢いか愚かかということになるが、決定的評価ができないのである。

宗麟の若い頃の粗暴さは有名で、家臣のとめるのもきかず荒馬を引き出して飛び乗ったり、その頃流行の兵法〝体捨流《たいしゃ》〟に凝って近習の者たちに試合をさせ、自ら真剣をもって家臣に挑ませたり、一時、禅に凝ったかと思えば家臣をつかまえて「そもさん」「説破」と禅問答をやらかすので、かれらは大いに閉口したという。

「西国盛衰記」は、放縦《ほうしよう》恣意《しい》、荒々しき性格で何事も心のままに行動する人物とし、「科《とが》なき者をも少し心に背きぬれば頓《やが》て手討ちにし、又は死罪に行はる。其上神社仏閣をも敬はれず鷹狩、山狩、河遊にも民の弊を顧みられず人の誹《そし》りをも弁《わきま》へ給はず」と記しているが、これほどまでにはなかったろうが、いくらかこれに類する行為があったことは事実であろう。凝《こ》り性な坊っちゃん育ちの宗麟の姿が浮かんでくる。

かれは、一時期すぐれた治績をあげたかと思えば、一転して暗愚の時代となり、振幅の激しい人間像をみせる。全盛期には、ひときわ冴えた政略で、することなすこと図に当たり卓抜な時代を築いたが、やがて明から暗の時代に入ると、まったく人が変わったように愚行を平気で繰り返すのである。

大友宗麟といっても、大部分は九州の中でしか知られていない。織田・豊臣・徳川・武田・上杉・大内・毛利などとくらべると、その知名度は低く、しょせんは戦国キリシタン大名ぐらいにしか受け取られていない。当時、かれの本拠であった豊後が、中央から距離的にも遠く、直接天下取りの競争に参加しなかったからだろう。

だが、かれは当時国内よりもむしろ海外にその名を知られていた。天文十九（一五五〇）年、フランシスコ・ザビエルとの出会いによる異教への関心と、さらに当時わが国で入手できなかった珍貴な舶来品や鉄砲、大砲などの戦略兵器を入手するための南蛮貿易を積極的に進めたからである。彼の海外文化の受け入れは島津・大内氏とともに早く、当時日本国における外国通のハイカラ大名で、文化人であったといえよう。そして後年、自らキリシタンに入信している。

大友家は鎌倉以来、少弐・島津氏とともに九州三人衆のひとりで、守護から戦国大名へと大きく伸びていった。

戦国武将といっても、宗麟は直接戦場に立って全軍を指揮する実戦型の武将ではない。かれの本領は謀略、外交戦にある。永禄初期の門司合戦でも、実戦では毛利方が有利な状況であったが、度重なる献金で幕府仲介の和睦条件を有利にしていることや、天文十二年、毛利軍との立花合戦でも大内ゆかりの人物をつかって、毛利本国の留守を突いたため、毛利勢は九州から撤退を余儀なくされている。

彼はこのように計略、外交に手腕を発揮した。実戦は戸次鑑連や臼杵鑑速・吉弘鑑理らの三老たちや、吉岡・田原・田北・志賀・朽網《くたみ》らの豊後の将たちが指揮して戦い、宗麟は後方の本陣で前線からの報告を受けていればよかった。

戸次鑑連（立花道雪）画像
（福厳寺所蔵・柳川市）

これらの部将たちの活躍で、大友家の絶頂時代がしばらくつづくのであるが、永禄年間に入り宗麟は国政に倦《あ》き、酒色に耽溺《たんでき》するようになる。老臣らが心配して諫言しようとするが、宗麟は殿中の奥深くひっこんだきり、会おうともせず、かれらは困りはてていた。そんなとき、大友軍中で最も武勇の誉れ高い戸次鑑連が、上方から美しい白拍子（踊り子）の一行を呼んで、自分の周囲に侍《はべ》らせ、きらびやかに着飾った美女たちと、日夜遊興に耽っているという噂がひろがった。それが硬骨の武将戸次鑑連であるだけに一層の評判になり、当然宗麟の耳にも入った。宗麟はさっそく使いをやって鑑連に、美女たちの踊りを披露せよ、と所望した。そこで鑑連は踊り子たちを従えて登城し、宗麟の面前で「三つ拍子」

という舞いを三番演じさせた。宗麟の満足は一入《ひとしお》であった。鑑連はまんまと宗麟に会う機会をつかむと、すかさず形を改めて、放蕩な生活をやめて、政道を正し武備に心がけるよう誠心誠意その非を諫めた。さすがの宗麟も悟るところがあって、しばらくは国政に力を入れるようになったといわれる。現在郷土芸能として大分県無形文化財になっている〝鶴崎踊り〟は、鑑連が京より呼び寄せた舞妓たちの踊りが起源とされている。

宗麟という人は、諫言されたらすぐ改めるのだが、そのうちまた悪い癖が出てくるので、鑑連や老臣らが諫めることが多かった。かれの女色もそうである。宗麟の猟色は人並みはずれていて、みさかいなく、人妻にまで手を出すという不行跡が目立ち、そのため家臣から恨まれたり不信をかったりした。前記、筑後から大宰府の地へ移住した高橋鑑種が、宝満山上に叛旗を翻すようになった原因のひとつが、宗麟の乱行にあったとさえいわれている。かれの妻奈多氏は、夫のあまりの色欲に社寺、山伏などにたのんで、祈禱、調伏までとり行わせている。

戦国大名の私生活については、大なり小なり共通した点があるが、九州戦国大名中、女色に関しては、宗麟の右に出る者はあるまい。残忍で諸豪を震えあがらせた肥前の龍造寺隆信でもこれ程ではなかったと思われる。

このような宗麟の好色ぶりとはうらはらに、キリシタン宣教師や修道士たちから見た宗麟像は聡明で思慮深く、慈愛に満ちた人物と評され、さらに天正十一（一五八三）年のイエズス会の年報に「フランシスコ王（宗麟）は元来体質が虚弱で……」とあり、晩年にはしばしば病んだことが記されている。キリシタン側の記事が正しければ、体力的にみても、異常な好色ぶりはうなずけない。もっとも過淫の果てに心身を消耗しつくしたのかも知れない。宗麟の性格は癇《かん》性で多情、凝り性であり、また頭脳も人よ

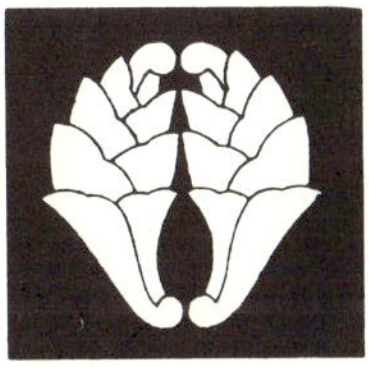

大友氏家紋（杏葉）

りすぐれていたと考えられる。かれの若き日の粗暴さも、生まれつき毛並みのよさからか、人間的弱さと哀愁がつきまとう。

宗麟はその生涯で、実際に戦場に立ったのは、晩年島津軍が臼杵城下に攻め寄せたときぐらいで、そのほかは出陣しても後方の本陣にいればよかった。それほど多くの良将、精兵に恵まれ、戦場はほとんど配下の部将が指揮して戦った。しかし天正六年、耳川の役後、家運が急速に衰退するとともに、キリシタンに対する家臣間の対立が加わり、また隣国島津氏の侵攻にさらされるなど、内憂外患による末期的症状をむかえるのである。

大友宗麟画像（端峯院所蔵・京都市）

休松合戦と筑後勢

永禄十年、宗麟の治世に不満をもつ高橋鑑種は、毛利氏に通じて、宝満山で叛旗を翻した。

毛利家古文書「萩藩閥閲録」の中に、宗麟が毛利元就にあてた書状があるが、それによれば、門司合戦の講和後もいぜんとして毛利方が高橋鑑種を援助しているのを非難して、早々に差し放つよう警告している一文がある。

すでに鑑種は充分な準備をして、籠城に入ったのである。そして、秋月・原田・筑紫・宗像・立花らと結んで中国の毛利に九州出兵を要請していた。当時毛利家でも、

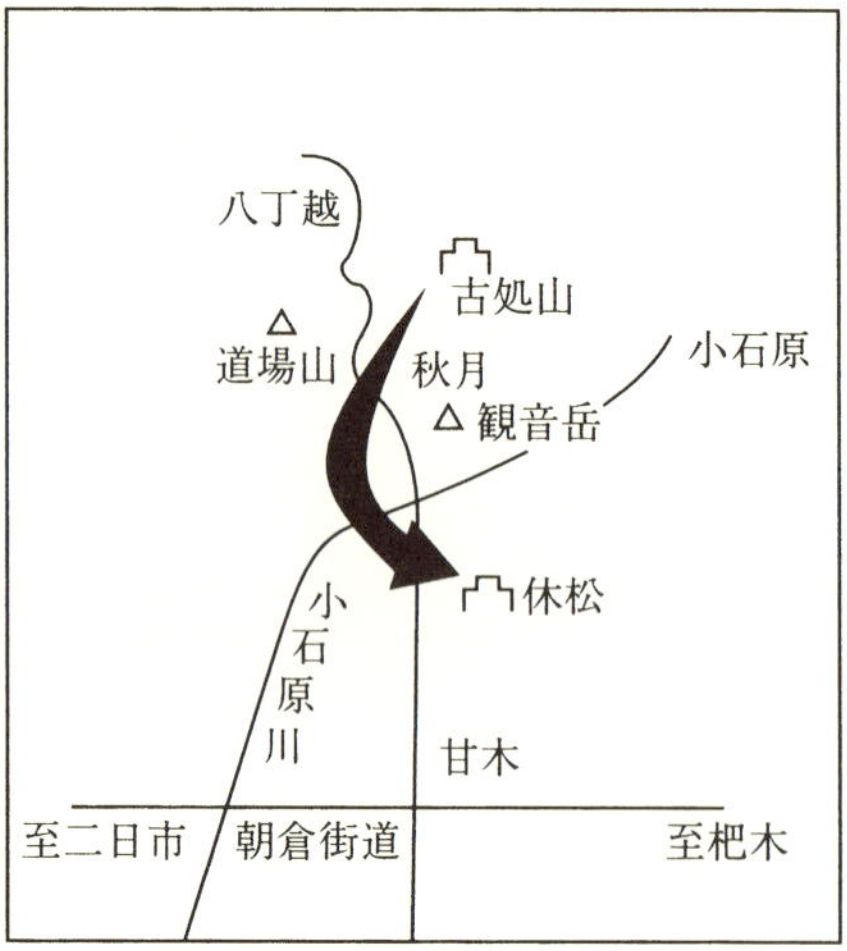

休松合戦・秋月軍追撃コース想像図
（永禄10年９月３日）

筑前の反大友の国人に対する援助をめぐって、元就や小早川隆景、吉川元春らの間で討議がすすめられ、筑前救援の方針を決定している。

この高橋鑑種に呼応して、秋月種実もまた六千の軍勢を集め大友軍の来攻に備えた。秋月にとって大友は父祖以来の仇敵である。戸次・臼杵・吉弘の大友三将は、豊後・筑後・筑前・豊前の二万の軍勢で、秋月討伐のため小石原川に沿って甘木（朝倉市）北方五キロの甘水、長谷山付近に進撃、秋月勢と戦いこれをうち破っている。種実は古処山に籠ってなおも抵抗する。

一方、その頃海を渡って毛利の大軍が押し寄せるという噂がひろがり、心ならずも大友軍に従っていた長野・城井・千手・後藤寺・麻生・杉等の豊筑の諸士たちは、めいめい勝手な口実をつくって鳥が飛び立つように自領へ引き揚げてしまった。最後まで大友軍に従ったのは筑後の将兵たちであった。大友軍は、毛利軍との決戦に備えて秋月から移動を開始する。

永禄十年九月三日の夜、大友軍の撤退を察知した秋月種実はこの機をのがさず、四千の兵をもって古処山を駆け下り、戸次の本陣休松《やすみまつ》をはじめ、大友の各陣を強襲し、乾坤一擲《けんこんいってき》の戦を挑んだ。

休松は下座郡柿原村（現・朝倉市安見ケ城付近）にあり、古処山との間は約二里（七・八キロ）ほどである。秋月勢は三隊に分かれて急襲した。

『北肥戦誌（九州治乱記）』は、次のように記している。

同九月三日、休松の陣を引取りけるに、秋月勢打出で急に取懸け、休松の山中にて火を出し防戦す。時に豊後方散々打負け引足になりて敗軍し、諸手の歴々討死する者数を知らず。（中略）扨《さて》又筑後衆には溝口鎮生・三池鑑連舎弟親冬・蒲池近江入道・同九郎兵衛、右何れも討死す。其引足の中にも、筑後国田尻中務大輔鑑種は、場所を退かず、戸次鑑連の側にありて自身手を砕き打戦ひ、其手に敵の首十五を討取る。田尻勢にも討死・手負多く有之。其の人数には、先づ鑑種が弟田尻式部少輔・同名刑部少輔・同大和守・同常陸介・同左京允・同三郎左衛門・同三郎四郎・同右衛門尉・兼行佐渡守・鳥町対馬守以下侍廿人・其外又者三十五人、疵を蒙る者廿九人なり。此外にも諸家の輩《やから》悉く討死して、豊後勢難儀に見えたりしに、大将戸次伯耆守鑑連は少しも屈せず、頗《すこぶ》る勇を振ひ、敵の近所三桑木（三奈木カ）、一本（一木カ）原に於て其夜切据り、諸勢は皆足をも溜めず、筑後川辺まで引退く。此時豊後衆には、朽網入道宗歴・清田入道紹喜・一万田入道宗慶竟《つい》に足場を退かず、又筑後衆には三池河内守鎮実・田尻中務大輔鑑種、是も其場を去らずして、戸次と一所に怺《こら》へたり。

大友軍は秋月の痛撃を受けて、吉弘・臼杵勢がくずれ、戸次の陣になだれこんで、同士打ちさえ起こる始末であった。しかし、さすがは勇将といわれた戸次鑑連である。家中の者と最後まで踏みとどまって、敗走する大友軍を叱咤《しった》しながら、秋月の猛追をかわし、筑後へと撤退させている。混乱の戦場でもの凄い形相で指揮する猛将であった。

その後、大友軍の主力は豊後に向かって帰国していったが、三池・田尻の筑後勢は山隈（小郡市）に向かい、戸次勢とともに敗走の友軍を支えて戦い、この合戦に従軍していた三池上野介（親高）、同紀伊介（親邦）の三池一族四十六人が戦死し、蒲池・五条・田尻・溝口・問註所など筑後衆は大友軍の矢表に立って奮戦したため、かれらの親類・被官（家臣）の多くが討死した。

なお『北肥戦誌（九州治乱記）』に、蒲池近江入道討死の記事があるが、蒲池鑑盛ならば、かれの死去は天正六年であるから、このときはまだ生存している。鑑盛以外に蒲池家中で近江入道と名乗る者がいたのであろうか、それはともかく、田尻家中では八十四人を失っている。

「五条文書」にも、次の戦死者及び負傷者の名を記している。


永禄拾年九月三日、於秋月休松合戦之刻《とき》、五條鎮定親類、被官《ひかん》、或戦死或被疵人数《きずをこうむるにんず》着到、銘々加《めいめいひけ》被見畢《んくわえおわんぬ》

戦　死　清原武蔵守
同　鬼塚大膳亮
同　石川五兵衛尉
同　鬼塚伊豆守
同　中野次郎右衛門尉
同　九郎兵衛
同　十郎兵衛
甚七

被疵衆
月足備前守
石川四郎右衛門尉

竹山仁右衛門尉
柴庵新兵衛尉
中野四郎兵衛尉
主計

以　上

弘治三（一五五七）年以来、蒲池・田尻・草野・五条・問註所・麦生等の筑後勢は、古処・門司・侍島の各合戦に引っぱり出され、そのつど多くの戦死者を出したが、今度は休松合戦で秋月の攻撃を受けて、さらに大きな犠牲を払わされた。そして、その結果はたいてい、太刀一振りか鎧一領をもらえばよい方で、恩賞の領地坪付は実行されずに軍忠抜群を賞すという大友感状の紙きれ一枚で終わることが多かった。あとに残された親、兄弟、妻子などの嘆きが伝わってくるようだ。

筑後勢、肥前へ出陣

その頃、肥前では龍造寺隆信の勢いが日ましに強くなっていた。この隆信を苦しめたのが肥前北部、山内といわれる山岳地帯の領主、・神代勝利《くましろかつとし》である。神代家もまた筑後三井郡の出で、高良山座主丹波氏の一流といわれ、稲員氏同様高良山とはゆかりの深い家系で、現在神代の地名も残っている。勝利は少弐の配下であったが、少弐滅亡後は大友と通じて龍造寺と戦い、三瀬峠の三瀬城を本拠に得意の山岳戦で龍造寺勢を撃破している。永禄八年、神代勝利は五十五歳をもって死ぬと、その子長良もまた龍造寺を仇と狙って、敵対の色を濃くする。

一方、永禄十年以来龍造寺隆信は毛利氏と親交を結び、秋月、原田、高橋・筑紫・宗像・麻生らと同様、反大友の軍事行動を起こし、翌十一年四月、肥前の松浦鎮信を破り、大村・有馬等の西肥の国人を降している。隆信の猛威からのがれようとする大友配下の諸城から救援を要請する使者が豊後へ急行した。

永禄十二年正月、大友宗麟は龍造寺隆信を討つため、豊後を発って玖珠《くす》から日田に入り、筑後高良山（三一二メートル）に陣を進め、二月十六日吉見岳に本陣を置く。各国から動員された軍勢は六万と称された。高良山下には各武将の旌旗《せいき》が林立し、筑後川の風を受けて翻るさまは、九州一の武威を示すものだった。

高良山は古来から筑後国交通の要衝であり、筑後川水運に大きな影響をもち、「高良山を制する者は筑後を制す」とまでいわれた。中世に入っても南北朝期以来菊池、一色、大友、のちに龍造寺、島津も山上に布陣し、いくたびか権力者たちの本陣となったところである。戦国期には座主（丹波氏）、大祝《おおほうり》（鏡山氏）、大宮司（宗崎氏）の「高良山三職」によって管理運営され、山中の社僧・武士などを統括していた。戦乱の時は、彼らも武力をもって戦ったことは『北肥戦誌（九州治乱記）』その他にも記されている。

宗麟は陣中で酒宴に耽《ふけ》り、すでに二カ月も過ぎようというのに佐賀攻めの気配も見せなかったので、戸次鑑連が諫めてやっと進撃命令を出し、戸次・吉弘・臼杵の三将に三万（『隆信公御年譜』）の兵を授けて出陣させた。このとき一部の兵力を割いて筑前へ向けている。

かくて、戸次鑑連が率いる一手は佐賀城北方二里余りの春日に陣を取り、吉弘の一手は川上川の西、水上に布陣し、臼杵勢は城東約一里余の阿禰《あね》（姉）、境原（ともに佐賀入り口）に陣をし、佐賀城包囲の態勢を取る。筑紫・小田・横岳・八戸・馬場・神代・高木・姉川・犬塚等の諸城主や西肥前の有馬、

神代氏家紋
（立龍木爪）

高良大社（久留米市御井町）

松浦党の諸氏らは大友側について佐賀城をめざす。中でも龍造寺隆信に激しい恨みを抱く山内の神代長良は、大友軍に協力するため一千余騎をもって川久保（神埼市脊振町鹿路内）まで出向いて、案内役をつとめている。この時、筑後の五条・上妻《こうづま》氏らも龍造寺討伐に従軍しているが、左記は五条鎮定に対する宗麟書状である。

（読み下し文）

龍造寺山城守（隆信）討伐に就き、別して馳走を励まされるの由、祝着《しゅうちゃく》に候。既に宗麟この表まで差し寄せ候上は、弥《いよいよ》忠貞を抽《ぬきん》らる可きの事頼もしく存じ候。辛労の段、必ず取り鎮めその志を顕《あらわす》べく候、猶戸次伯耆守（鑑連）に申す可く候、恐々謹言

（永禄十二年）三月廿三日　（大友）宗麟（花押）

（鎮定）五条殿

また、神埼郡城原（現・神埼市神埼）の勢福寺城主

江上武種は、龍造寺の幕下であったが、豊後勢が押し寄せてきたら第一番目に攻撃されるので、そのときは近くの日の隈山（神埼市）に狼煙《のろし》をあげて知らせるので必ず急援されたい、とかねて隆信と約束を取り交わしていた。ところが、大友軍の来攻に及んで、手筈どおり狼煙をあげて来援を待ったが、龍造寺からは何の応答もなく、一兵も救援させなかった。龍造寺の方も城中の兵が少なく、とても援助どころではなかったのである。違約を怒った江上武種は、すぐさま人質を出して降伏、大友方に寝返ってしまった。

四月にはいり、蒲池鑑盛もまた宗麟の催促によって三潴郡榎津（現・大川市榎津）より下筑後の軍兵を率いて川副《かわぞえ》に渡り、龍造寺勢と戦ってこれを破り、大友軍と合流して佐賀城へと迫る。

「西国盛衰記」に「去程に龍造寺民部大輔隆信、一族老臣等を集めて軍議せられけるが、敵方には筑後の国人、蒲池入道宗雪・田尻鑑種・西牟田・城島・堤・酒見・安武・豊饒《ぶにょう》以下相加はって七万余騎、民屋を放火して五領高木まで相働き候」とあり、筑後勢が佐賀城周辺の高木一帯まで攻め入ったことが記されているが、その後隆信が降伏したので蒲池鑑盛の軍功に対して宗麟は軍忠抜群の感状を与えている。

思えば十八年前、隆信が筑後亡命のとき、鑑盛はこれを庇護して援助を惜しまず、自らの兵までつけてかれを佐賀へ復帰させているが、その相手を今度は攻める立場にある。乱世とは非情なものである。いつ敵・味方となって殺し合わねばならない恐ろしさがそこにあった。鑑盛は武士の情を知る武将であったが、ひとたび戦場に立てば、敵は敵として全力をあげてこれと戦うといった、筑後武士の真髄を見せる勇将であった。

今や佐賀城は海陸両面から包囲されて袋の鼠となった。

宗麟は隆信と縁戚の三潴郡下田城主堤備前守貞元を佐賀へ遣わして、隆信へ講和をすすめたが、隆信はこれを断るとともに急使を出して、毛利氏に援軍をたのんだ。堤貞元の妻は龍造寺家門の娘で、隆信の亡父周家とはいとこの間柄。堤貞元は「龍造寺の小勢で、大友の大軍と戦えば到底勝ち目はない。家の存続をはかるためには至急高良山に出向き、お屋形（宗麟のこと）に対して降礼をとられよ」と説いた。その頃龍造寺の勢いが強くなっていたといっても、大友とくらべれば問題にならない少勢である。さらに三潴郡海津の城主安武鎮教も老臣亀山一竿《いっかん》入道を遣わして隆信へ降伏の勧告をしている。隆信はこれより前、筑後の田尻鑑種に書状をもって大友の軍将戸次鑑連・吉弘鑑理に、宗麟への和議の仲介を申しこんでいたが、吉弘鑑理より一蹴されていた。吉弘もまた大友一族の武将で、三老のひとりとして剛直をもって知られていた。のちの宝満城主となる高橋紹運（鎮種）はかれの次男であり、その子宗茂（立花）は孫に当たる。

その吉弘鑑理が佐賀攻めに参陣した蒲池宗雪（鑑盛）にあてた書状がある。文中、犬弾とあるのは、神埼の城主犬塚弾正忠鎮家のことである。

御札令二拝見一候。然者今日陣易之処、長良衆敵取合及レ鑓之由候條、鑑連・鑑理も罷出候。敵取出候を数度追込、於二構口一以二手火矢一悉仕付候。忰手にも手負歴々候。明日者悪日候條、以二衆評一口々可二相定一候。扨又犬弾種々口能とも候哉、更存分無レ実所事多候。殊に神埼郡之儀は、筑紫鎮恆え被遣候條、犬弾存分之儘に者不レ可レ有レ之候。必以二面上一可二申達一候　恐々謹言

卯月六月　吉左鑑理判

宗雪

参御返

（読み下し文）

御札《おんさつ》拝見せしめ候。然らば今日陣がえのところ、長良衆《（神代）》敵取《しゅうてき》り合わせ鑓《やり》に及ぶの由に候條、鑑連・鑑理も罷《まか》り出《いで》候。敵取り出候を数度追い込み、構口《かまえぐち》に於いて手火矢を以て悉《ことごと》く仕付《しつけ》候。悴《やつがれ》手にも手負い歴々に候。明日は悪し日に候條、衆評《しゅうひょう》を以て口々相定む可く候。扨《さて》また犬弾《いぬだん》いろいろの口能《こうのう》とも候や、更に存分実無き所事多く候。殊に神埼郡の儀は、筑紫鎮恆《しげつね》へ遣わされ候條、犬弾存分の儘《まま》には之ある可からず候。必ず面上《めんじょう》を以て申し達す可く候　恐々謹言

卯月六月　吉左鑑理判

宗雪

参御返

文意は、犬塚弾正忠が同族蒲池鑑盛をたのみ、神埼郡の所領を望んだことに対する返事と思われる。日付の下の吉左とは吉弘左近大夫の略字である。

一方、毛利側はこの隆信の救援要請に対して慎重な態度をとった。元就は、永禄十一年九月二十日、吉川元春、小早川隆景、福原貞俊らに対し「龍造寺から当方に援助の要請があっているので合力したいが、旗色しだいで離反する九州の複雑な状況下では、下手に出兵しては毛利の地位も不安定となるので、龍造寺の援助に対しては軽々しくしてはならない」といって厳しくいましめている。そのため佐賀への援軍を出さなかった。

当時佐賀城には、名ある武士わずかに十九人、雑兵合わせて千人たらず（『陰徳太平記』）の小勢であり、大友の大軍を引き受けて戦うにはあまりの劣勢で、一族の半数は降伏をのぞんだ。大友軍がそのまま城攻めを強行したら、あるいは落城して龍造寺の運命も窮まったかもしれない。肥前の歴史を狂わすたった一日の一刻の変化がこのとき起こった。

佐賀城攻撃を前にして、寄せ手の軍将吉弘鑑理がにわかに発病して指揮不能となり、攻め口を退いたため大友軍中に動揺が起こったのである。そのため攻撃日数が遅れ、窮地の隆信に幸運をもたらした。

さらにいまひとつは、毛利勢が筑前領に進攻して立花城下に着陣したことである。毛利は龍造寺に対して直接救援の兵は出さなかったが、筑前への侵攻で大友の背後をおびやかすことになり、間接的に支援したといえる。大友軍もいたずらに肥前で日を過ごすことができない状況となった。

毛利軍が立花城下に入ったといっても、龍造寺隆信にとって肥前の諸城が大友方である以上、四面楚歌の状態を脱したとはいえない。和平か抗戦かの判断は、このときのかれにとって大変重要なことであった。「分別も久しくすればねまる」と言ったのは隆信だが、多くの戦陣を経験してつかんだこの言葉の中に、機に応じて決断行動する戦国武将の果断な姿が浮かぶのである。

かくて大友、龍造寺両者間に和平への気運が高まり、四月十七日吉弘軍に属していた肥後の城親冬に斡旋させて、両者の和議がととのった。この和平は龍造寺の降伏というかたちで行われ、隆信の重臣納富信景の甥、秀島家周を人質として送った。

龍造寺と和議を結んだ宗麟は、永禄十二年四月下旬、立花城救援のため、戸次・吉弘・臼杵の三将に筑前救援を命じたので、休むひまもなく三将は三万五千の軍勢を率いて筑前立花へと急行する。

立花城攻防と筑後勢

立花城は大友一族の立花氏代々の居城で、「西の大友」と称され、大友氏にとっては博多防衛上、絶対に手放せない城である。ここの城主であった大友一族の立花鑑載《あきとし》がこの前年（一説に永禄八年）、原田親種らと毛利に通じて叛いたが、戸次鑑連らに攻められ、家臣の裏切りによって鑑載は自刃落城し、立花城は再び臼杵・田北・鶴原の大友氏部将らの守備勢によって守られていたのである。

しかし、毛利もまたここを重視し、戦略の拠点として博多を手中にして、大内以来の貿易の独占化をはかろうとしていた。このとき七十三歳の元就は、「豊筑を手に入れ候わずば、人数を引くまじく候」（『大友記』）と、老いの執念を燃やして、広島の山奥から十七歳の孫輝元を連れて下関の長府へ出向き、将兵の督励にあたった。

一方、大友宗麟もこの時、男ざかりの四十歳、宿敵毛利元就親子を相手にして一歩も引かぬ対決の姿勢を見せた。

毛利勢は宝満山に籠城する高橋鑑種や古処山の秋月種実を救援しようとするが、大友軍によって阻まれ、一方大友側も毛利勢によって立花への通路を断たれた。立花城を包囲した四万の毛利軍を三万五千の大友軍が遠巻きにする形となったが、ついに立花城は落ち、毛利方は臼杵ら三将はじめ城兵たちを大友陣へ送りとどけた。その後、両軍合わせて七万の大軍が、東は新宮・香椎・多々良浜一帯、西は箱崎松原から石堂川（現・御笠川）の川尻、蔵本町・出来町（現・博多駅前一丁目）あたり、南は堅粕・比恵・席田《むしろだ》付近にまで及ぶ広大な戦線を展開した。

ところで、大友・毛利両軍のこの間の食糧・物資の補給はどのようにして行われたのだろうか。『筑後国史（筑後将士軍談）』には「宗麟ノ本陣ヨリ、毎日人馬数千ヲ以テ、筑前両所（宝満・立花）ノ陣ニ、兵粮諸用小荷駄ヲ送り、竹木、薪《まき》ニ至ル迄懇《ねんごろ》ニ沙汰シケレハ、諸勢支配滞ル事モ無カリケリ」とある。筑後へ集積された米穀、飼料、農作物等が千歳川（筑後川）を渡って筑前へ輸送されたと思われる。

一方、毛利軍の物資は、小早川水軍によって関門の海を往来輸送され芦屋・宗像・新宮等へ着岸、荷降しして陸上輸送されたであろう。また現地有力商人らに補給調達を命じたことも考えられる。吉川元春の家臣森脇飛騨《もりわきひだ》が記した「森脇飛騨覚書」には、大友勢が宗像、芦屋表に出動したという記事があるが、おそらくこの補給ルートを叩くための目的であったろう。

両軍は多々良川を挟んで約半年間にわたって対峙したが、その間十数度の戦闘が行われた。中でも永禄十二年五月十八日の戦闘は記録の上でも大規模なもので、次のように筑後衆の奮闘ぶりを伝えている。

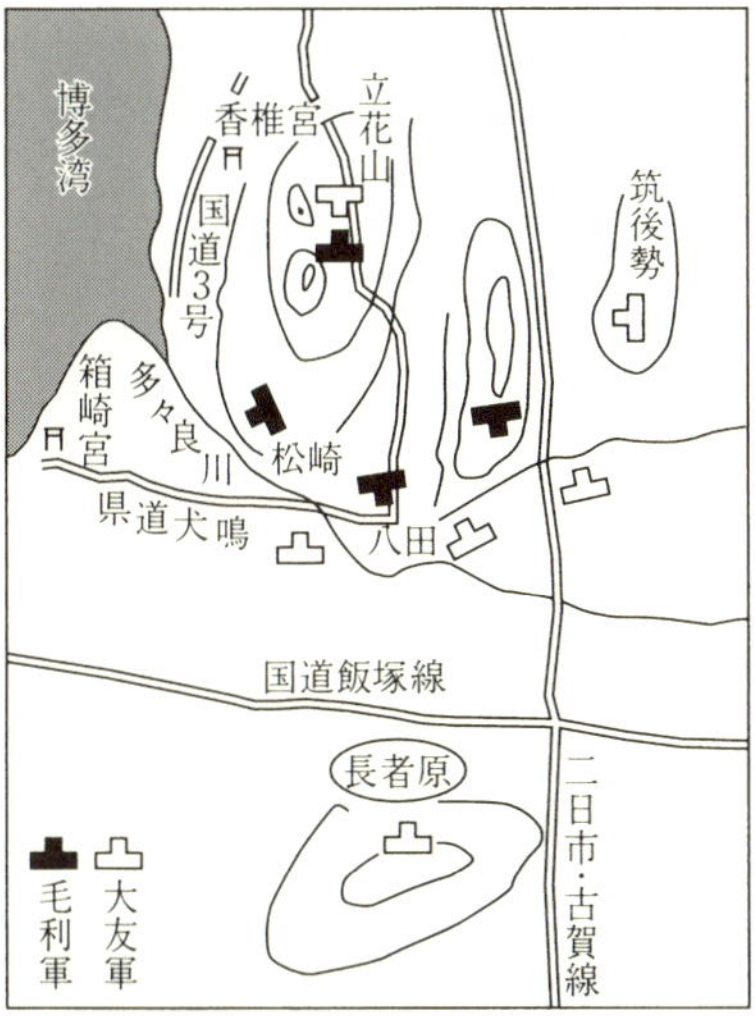

立花合戦における大友・毛利両陣の布陣想像図（永禄12〈1569〉年4－10月）

> 斯くて五月六日、戸次伯耆守引立にて、筑後衆と同じく長尾といふ敵陣へ取懸けたり。されども敵の陣構へ稠《きび》しくして事成らず。然れども切岸に於て合戦し、伯耆守自身槍を執りて敵を悉く仕付け、陣屋へ追籠《おいこ》め、其儘《そのまま》異議なく引取りぬ。此時、筑後衆の内、田尻中務大輔《たじりなかつかさだいゆ》鑑種《あきたね》軍功を抽《ぬきん》でて相戦ひ、家人等八人疵を被る。仍りて宗麟より鑑種へ感状を与へられけり。同月十八日、豊後衆同陣を

立花城趾石垣と筆者（糟屋郡新宮町）

以て、重ねて芸軍（毛利軍）に取懸け、切岸に於て合戦す。此時も、田尻勢の内、金栗織部助（手火矢疵）楠原勘解由《かげゆ》左衛門（同じ疵）三嶺兵部左衛門（同じ疵）森出雲守（同じ疵）中島刑部左衛門（同じ疵）中間彌太郎（同じ疵）合わせて六人疵を蒙り、東三郎太郎・原口善助討死しけり。

（『北肥戦誌（九州治乱記）』）

と、田尻家中の戦死傷者を記している。

また「問註所文書」にも「永禄十二年五月十八日立花表於敵陣切崩問註所刑部大輔入道善聴親類被官被疵、着到銘々加披見訖」とあり、内原隠岐守以下十一名の戦死傷者の氏名を列記している。このほか五条、「上妻文書」等にも同合戦の死傷者に関する着到被見の記事がある。

大友軍のこのときの戦法は伝統の槍騎兵による槍衾《ぶすま》戦法と太刀を振るっての首取り戦に終始したのに対し、毛利軍は組織だった銃隊を組んで大友軍の火器を上回り、集中的に威力を発揮した。その点、毛利軍はすでに近代戦法を身につけていたといえよう。長篠合戦（天正三年）において、武田軍団を撃破した織田信長の鉄砲隊の活躍はあまりにも有名だが、この合戦での鉄砲使用は、それよりさらに六年も早い。

大友、毛利両軍の戦況は膠着《こうちゃく》状態となっていたが、宗麟は老臣吉岡宗歓《そうかん》の進言により、当時大友家に寄寓していた大内輝弘をつかって、大内家再興の名のもとにガラ空き状態の毛利本国の留守を突かせた。士分わずか五十人、あとは雑兵や海賊無頼の者たち千人足らずの寄せ集めで、かれらは捨て石にされるのも知らずに、豊後から山口へ向かって進撃していった。

折から、山陰の尼子家の勇将山中鹿之助幸盛らも軍事行動を起こし、毛利本国に危機が生じた。このため元就は、筑前出陣中の毛利全軍に撤退命令を出す。立花城には浦兵部・桂左衛門尉・坂新五左衛門を城代として、兵二百を添えて残し、毛利軍はみぞれまじりの寒風の中を隊伍を組んで本国へと退いていった。筑前から帰国した小早川、吉川の毛利両川の軍は、素早い行動で大内輝弘の軍と戦ってこれを撃滅している。

これより前、秋月種実が降伏し、後楯とたのむ毛利軍の撤退で、頑強に抵抗していた高橋鑑種もついに降伏、また宗像氏貞・原田隆種（了栄）・麻生隆実等も再び大友の配下となった。

鑑種は実家の一万田氏のとりなしで、宗麟から一命を助けられ、旧領没収のうえ、豊前小倉へ移された。ここで疑問が起こる。豊筑動乱の元兇で親毛利派の高橋鑑種をなぜ毛利本国に近い豊前の地に移したかということである。普通ならば敵に通じたそんな危険人物をわざわざ敵本国に近い場所へ移封させることなどは、到底考えられないことだが、その理由については大友・毛利の和睦条件等によるもので、同地が緩衝地帯であったと考えられる。

籠城と柳川城

水に守られた柳川城

龍造寺隆信の佐賀城の籠城をはじめ、高橋鑑種の宝満山や秋月種実の古処山など、史書に籠城の記事が出てくる。籠城がさかんに行われるようになったのは、源平合戦以来南北朝・室町・戦国期へかけてであり、とくに戦国時代に入って多く利用されている。

城の攻防争奪が激しかった当時、敵からの攻撃を受けた際、本城（城主の居館はふつう山麓の平地にあった）・支城、出城などを補強、改築してこれを防衛の拠点とした。とくに山地丘陵の地形を利用し、樹木、岩石などが多く水源に近い展望のきく場所が選ばれた。

朝倉氏の家臣窪田家の伝書である「築城記」には、山城では充分に水を試してから構えるべきであり、水近くの大木を伐り倒して、水がたまるようにしておくべきだ、と説いている。高山になるほど連絡輸送が困難となり孤立化の危険がある。豊前の代表的名山である英彦山《ひこさん》（一二〇〇メートル）は、最盛期三千の僧徒を有して、ゆうに十万石の大名に匹敵する勢力をもっていた。筑後の高良山もまた、筑後一の宮として古くから筑後人の信仰の中心であり、連立する水縄（耳納）山中には南北朝期以来多くの城砦が築かれ、丹波・草野・麦生・問註所・町野・星野などの諸勢力が狭隘な山地に独立、割拠していた。高良山の最盛期には千名の僧兵がいたといわれるが、当時の信仰の地が神威を背景に神領護持の名のもとに、武力を保持していたのである。

　このほか、蒲池氏と同族の豊前の宇都宮城井《きい》氏も求菩提《くぼて》山別当職として、英彦山から独立した山岳勢力を有していた。

『海国兵談』に、「籠城はまず大将たるもの覚悟を極むべし。元来籠城の目的は、大敵がわが国に押しきたれども味方は小勢にて対応ならざる故、地形人数のかわりに用ひ、引きこもりいて敵をはかることなり。また、大敵ならずともたびたび軍に仕損じて、籠城におよぶこともあるなり」と記されている。

柳川城趾（柳川市本城）

　地形を利用する点では、山地ばかりではない。水濠、クリークなどの水利をもって、敵の侵入を防ぐ水城や海城などもある。その典型的例が柳川城である。

「柳河は城を三めぐり七めぐり水めぐらしぬ咲く花蓮《はなはちす》」―― 北原白秋の詩にあるように、幾重にもめぐらされた濠によって城は守られ、かつては三つの水門があって、この水門をきれば、外堀をはじめ城下町まで水浸しになるといわれた。

　前述のごとく蒲池氏は、初め柳川郊外西

蒲池に居城していたが、のち鑑盛（一説に治久）のとき、支城であったこの柳川城を戦略の要衝として拡張補強して、ここに移った。

『南筑明覧』に「城東ハ本小路・奥州小路・袋小路・大屋小路・城南ハ茂菴小路・宮永小路、城西ハ外小路、城北ハ坂本小路・薬師小路・柳小路・辻ノ門・沖之端・口ノ門ヨリ本丸橋に到ルマデ、大小十六、外曲輪《くるわ》ヨリ本丸ニ到ルマデ、門数十アリ」と記されているが、堀が縦横に交わり、クリークに包まれた天然の要害をなしていた。とくに西方は二重の濠によって守られ、閘《こう》門の開閉によって城内の水量は自由に調節できたという。

のちに肥前の龍造寺隆信や鍋島直茂（信生、信昌）、さらに大友きっての勇将戸次鑑連らが懸命に攻めたが落とすことができなかった。

柳川は周囲に山がない平地であるが、この柳川の水路に目をつけ、峨々たる天険にも劣らぬ戦略効果をつくりだした蒲池氏は、さすがであった。とくに蒲池鑑盛のとき、築城の整備が行われたとみられるが、沼沢地の柔軟な地盤の上での建造は、かれが築城家としてもすぐれた技術をもった人物だったことがわかる。

九州の戦国城塞で、日向高城（宮崎県児湯郡木城町）、飫肥《おび》城（宮崎県飫肥市飫肥）、岡城（大分県竹田市竹田岡）、立花山城（福岡県糟屋郡新宮町）、門司城（北九州市門司区）、岩屋城（太宰府市太宰府、観世音寺）や、この柳川城は、攻防史上、不朽の名城といえよう。もちろん、名城たるゆえんは地形上の条件もさることながら、智略をもって守りぬいた城将、兵士らの団結と和によることが大きな要素となっている。だが、この籠城も百日が勝負で、それまでに援軍の期待ができないときや、自力回復のめどが立たなければ、後運をはかることができない。

毛利、大友の争奪戦が行われた立花城にしても、七峯中とくに井楼《せいろう》（東）・白岳（西）の二峯は峻嶮で頂上も狭く、大軍の籠城はできない。また水脈も乏しく、長期の生活は困難である。永禄十二（一五六九）年の立花合戦でも、大友の城兵は米のとぎ汁を流して湧水・兵粮があるように、苦心の見せかけをしている。『海国兵談』は「たとへば千人籠るべき見詰ならば、千人一年の食は玄米五千俵、粟一万俵なり、右の積りにて上は三年分、中は二年、下は一年の貯えあるべし」と記している。天正十二（一五八四）年秋、戸次鑑連・高橋紹運の両将が柳川城を攻めたときも、城主龍造寺家晴は周囲六十余町の稲をことごとく刈り取らせて、城内に運びこませた。そして、海岸の要所要所に数十隻の番舟をつないで、肥前との交通を確保していた。

今山合戦と筑後勢

永禄十二年、大友と龍造寺はいったん和睦し、その後の立花合戦も終わり、各将兵はそれぞれ帰国し、征旅の疲れを休め、つかの間の平和にひたっていた。

永禄十三年は四月をもって元亀と改元された。この年の春、大友宗麟は再び龍造寺討伐の軍を起こした。将兵らは故郷に帰国して、まだ半年も経っていなかった。再征の原因は、降伏後の龍造寺隆信が大友方の城主を圧迫しているということや、人質として豊後に送られていた秀島家周がひそかに佐賀に逃げ帰ったことなどが宗麟を激怒させたからである。

前回同様に戸次・臼杵・吉弘の三将に、豊・筑など四カ国の将兵を授けて出陣させたが、宗麟自らも大軍とともに豊後を発ち、日田を経て御井郡高良山に入り、ここを本陣とした。高良山から佐賀までは、およそ八里（約三十二キロ）の道程である。

三月末、杏葉《きようよう》の旌旗《せいき》をなびかせながら肥前路に進んだ豊後勢は、戸次鑑連の軍が佐賀東方の神埼郡阿禰《あね》（姉）・境原に陣し、臼杵鑑速・吉弘鑑理の軍は北方の金立・千布・春日・川上・今山・大願寺など三里あまりの山野に陣を布いた。

このほか、島原半島の有馬義純や西肥前の波多《はた》・鶴田・後藤・平井・嬉野《うれしの》、また南肥前の大村・西郷などの諸将たち、肥後からは城親冬・隈部親永らが到着、さらに肥前国内から神代・高木・江上・犬塚・横岳《よこたけ》・筑紫・八戸《やえ》・姉川といった城主たちが大友の幕下につく。ことに隆信によって伝来の蓮池の地を奪われ多久の辺境に移された小田鎮光は、隆信を恨んで大友軍に加わった。

五、六万ともいわれた大友の大軍は佐賀城をひとのみにしようとしていた。一方、龍造寺方は五千足らずの小勢で、まさに四面楚歌《そか》の状態であった。四月に入って、佐賀勢は城外の巨勢（古瀬）に打って出て、東口の戸次軍と激しく戦っている。

この時の筑後衆の行動について消息を伝える次の文書がある。

「蒲池文書」

前廿三於佐賀表古瀬原口合戦之砌、自身被砕手之由、御粉骨無比類候、雖無申迄候、弥家中之人等、被申進、可被励馳走事、頼存候、必取静、可顕其志之趣、猶戸次伯耆守可申候、恐々謹言

卯月廿八日　　宗麟（花押）

蒲池勘解由使殿

（読み下し文）

さきの二十三日佐賀表《おもて》に於いて古瀬原口合戦の砌《みぎり》、自身手を砕かれるの由、御粉骨《ふんこつ》比類なく候、申すまでもなく候と雖《いえど》も、弥《いよいよ》家中の人たち、申し進ぜられ、馳走励まさる可き事、頼もしく存じ候、必ず取り静め、その志の趣を顕《あらわ》す可く、猶戸次伯耆守へ申す可く候、恐々謹言

卯月廿八日　　　　　　　　宗麟（花押）

蒲池勘解由使《かげゆし》殿

勘解由使とは、鑑広（鑑盛のいとこ）のことである。

下筑後の蒲池宗雪、田尻鑑種らは、宗麟より舟手の任務を命ぜられている。ちなみに蒲池宗雪の妻貞心院は、田尻鑑種の姉であった。

「宗麟又筑後の諸士どもに海上より軍艦を以て寄すべき由下知せられければ、数百艘の水軍七月六日不盃津《ふばいつ》に寄せ来るを、鰡江《しくつえ》の無量寺、北村清兵衛等、與賀、河副の野伏を駆催して打出で、散々に戦ひてぞ追ひ返しける。筑後勢無念の事に思ひ、翌日復《また》押し寄せたりければ、鹿江・南里・石井等打って出で。稠《きび》しく戦ひけるに、敵船折しも干汐に向ひける故進むを得ず潮に従ひて引いて行く」（『陰徳太平記』）

これらの記事から蒲池・田尻らの下筑後衆は、舟手として海上よりの攻撃に当たったことがわかる。

佐賀城周辺では、局地的な戦闘が行われたが、折から霖雨《りんう》が降りつづき、さみだれのようになって戦陣を水浸しにした。そのため、戦闘は小休止の状態となり戦況は進展しなかった。

大友軍は持久戦にもちこんで、城兵の弱まるのをまって、一挙に総攻撃をかけるつもりでいたが、宗麟は八月に入り開戦以来数カ月になるのに、まだ佐賀城を落とせないでいる諸将たちに業を煮やし、舎

弟の大友八郎親貞を大将として新たに三千の兵を授けて出陣させた。神代勢の案内で、親貞（一説に親秀）らの軍は神埼郡田手の東妙寺から大願寺へとぬけ、彦岳を望む今山（佐賀市大和町）周辺の野に陣を布いた。八月十七日、大将大友親貞は今山の北峰に本陣を移した。今山の山麓一帯は、現在ミカン畑となっていて、はるか前方に有明海がひろがる。

一方、宗麟の命で海上からの攻撃をつづけた筑後水軍は、七月から八月にかけて兵船数十艘を繰り出して北端津に攻めこんだが、鍋島軍や土豪らの猛烈な抵抗を受けて多くの犠牲者を出した。

しかし、大友の大軍はなお健在で、血気にはやる親貞をはじめ戸次・吉弘・臼杵らの精鋭が満を持して城内に攻め入る機会を狙っていた。このとき、鍋島直茂が放った忍びの者が敵情を調べ、今山の大友本陣ではこの大軍に気を緩《ゆる》め連日酒宴を催している、と報告した。鍋島直茂は、これこそ天の恵みとばかり隆信に今山への夜襲を進言した。隆信の母、慶誾《けいぎん》尼はこの直茂の意見を支持して、かえって諸将を励まし十死一生の覚悟を促している。鍋島家に伝わる「普聞集」には、彼女について「勇気あって常に短刀をたずさえる」と記されている。隆信二十八歳、直茂十九歳であった。この両者は慶誾が直茂の父清房に再嫁したことで、義兄弟の間柄となった。

元亀元（一五七〇）年八月十九日夜半、鍋島直茂は総勢三百騎余の部下を引き連れて、今山に向かった。

明くれば八月二十日未明、今山の背後から取り登り、下を見るとおびただしい幔幕や大友の紋所をうった旌旗が山中に浮かんで見えた。大友軍は前夜の酒宴で不覚に眠りのなかにある。まさか袋の鼠同然の佐賀勢が夜襲してくるなど考えてもいなかったろう。薄明の中に直茂の手がさっと上がると、総勢は喚声をあげて突入した。まさに奇襲であった。寝込みを襲われてあわてふためく大友軍に全力をあげ

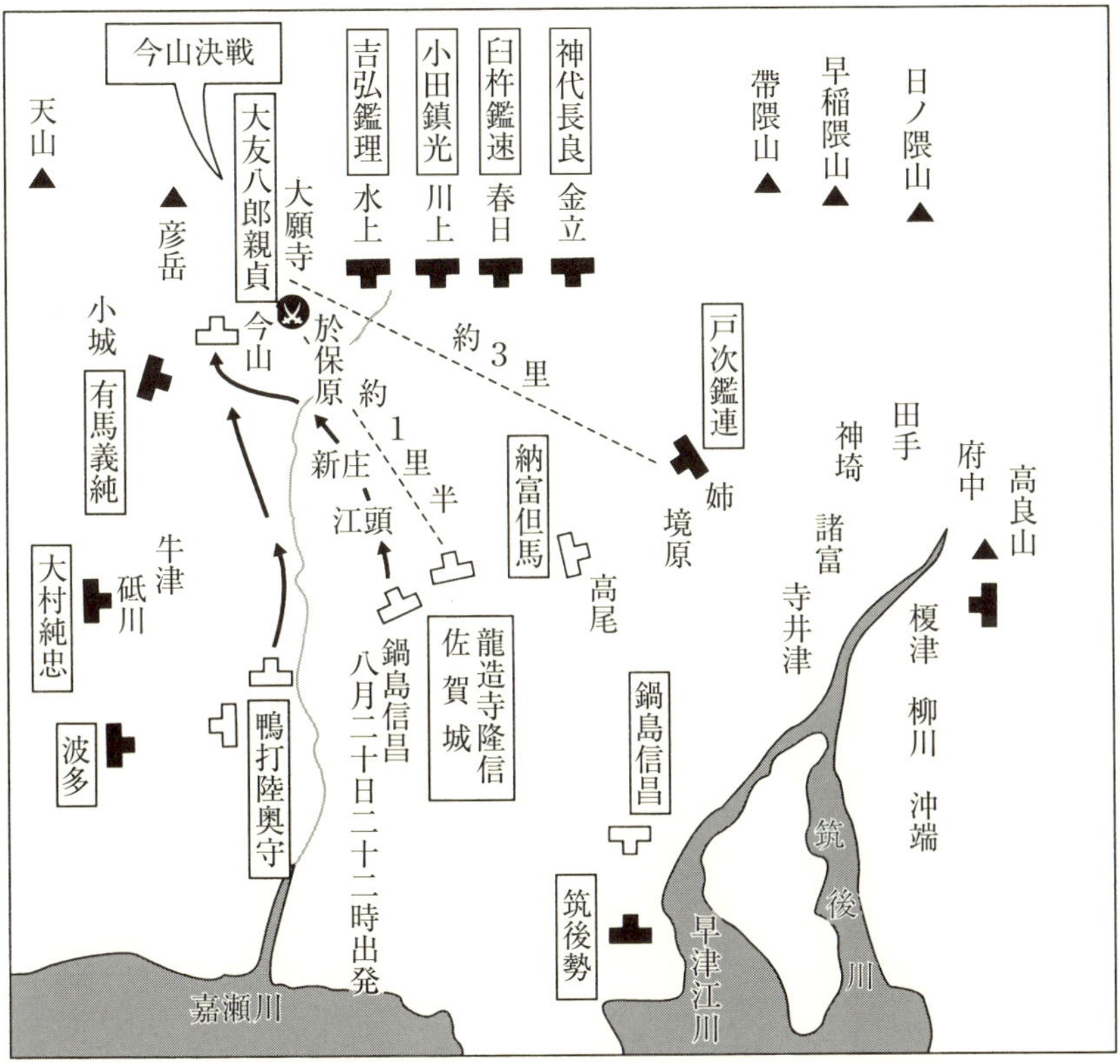

今山合戦想像図

て襲いかかった。今山はたちまち地獄の戦場と化し、大友勢の死骸は初秋の山上に累々と横たわった。

これが起爆となって、大友軍はなだれ現象を起こして敗走した。隆信の将、納富但馬守は二千騎をもって痛撃し、大友の将兵千余の首級を挙げた。大将親貞は、十人ばかりの従者に守られて、山伝いに筑前方面へのがれようとしたが、待ち伏せしていた成松信勝とその配下の者につかまり、ついに首を討たれた。享年三十三歳と記されている。

それまで大きな敗戦を経験したことがなかった大友軍にとっては、その後の衰退を予期するような歴史的意義をもつ戦いと

大友軍戦死者の碑（佐賀市大和町今山）

なった。今山の戦場跡には現在「大友大明神」と刻まれた石碑が立っているが、この戦いで大友方の死傷者は二千を数える甚大な損害を出し、敗戦の将兵はなだれをうって筑後へと敗走している。この合戦で筑後から出陣した豊饒《ぶにょう》弾正《だんじょう》は戦死、筑後の将士に多くの戦死者を出した。

『北肥戦誌（九州治乱記）』に、田尻親種が、第一陣にあって深手を負い、「本国に帰って六月二十三日居城鷹尾に於て死す」とあり、田尻家中に動揺をもたらしたものと思われる。

多久の小田鎮光は退路を断たれて居城に帰ることができず、戦陣を斬りぬけて筑後へ落ちて行った。また西口方面の有馬・大村・松浦らの諸勢もそれぞれの自領へ引き揚げたが、田尻・蒲池勢もこれら敗軍の中にあって自軍の兵や大友諸軍を無事本国へ帰すため、水軍をもって海路の護送に当たったと考えられる。

今山の敗戦と親貞の戦死を榎津の陣所から田尻鑑種によって知らされた宗麟は、深い悲しみのなかで記した、鑑種にあてた（八月）二十三日付の返書がある。

「小城《おぎ》表《おもて》立柄《たちがら》示給候心を副えられ案中《あんちゅう》候、合戦の慣《ならわし》珍らしからず候条更ニ仰天に及ばず候。其表油断なく申談せらるべくの条毛頭気遣いなく候。宗麟事も千栗《ちりく》迄急度《きつと》差寄すべく候条、必ず面を以て申すべく」とあり、武将として宗麟の覚悟のほどがうかがわれる。

敗戦の大友軍の中には両蒲池・田尻・五条らのほか豊饒・城島・酒見、問註所・草野・黒木・上妻・

三池などの筑後の有力国人たちが従軍していた。

大友軍の敗因は、各国の寄せ集めの軍勢で指揮系統が統一されていなかったことと、敵を侮り油断し、さらに長旅の遠征で疲れ士気が振るわなかったことなどがあげられる。

同年九月中旬、宗麟の命で田尻鑑種が仲に立って、隆信との間に和平の話がすすめられた。十月三日和議が成立し、宗麟は高良山の陣を払って豊後へ帰っていった。鑑種の声望が大きかったことがわかる。

なお大将大友八郎親貞なる人物は大友系図には見当たらないが、「蒲池物語」には、宗麟の「伯父菊池左兵衛義武ノ嫡子、菊池八郎鎮成ヲ大将トシテ今山ニ陣ス」とあり、あるいは同一人物の可能性もある。菊池八郎の父義武は宗麟の伯父ではなく叔父（宗麟父義鑑の弟で菊池家の家督を継ぐ）である。

このの ち龍造寺隆信は、今山の戦勝を記念して大友の家紋杏葉を自家の紋として使用するようになり、強大な勢力となってゆく。

筑後の交通

蒲池氏の柳川築城頃、竹井原より柳川を経て、佐賀への往還（道路）があった。かつての薬師小路（現・柳川市坂本町）は、その頃の田の中薬師の鎮座の場所であるといわれる。柳川城の完成とともに水田は武士の屋敷道となった。

みやま市瀬高より柳川への道路は、摂関時代（十世紀後半から十一世紀後半）の末、藤原実定が瀬高荘を領したとき改修したと伝えられているが、瀬高荘を中心に御前橋・御二橋・御三橋と呼ばれる道路ができた。戦国の頃では蒲池鑑盛が柳川築城のとき道路を改修したといわれるが、水路と道路の整備は重要な事業であったと考えられる。

天正年間、東部の上筑後より肥後への路は、原町より東方にある道路だったというが、これを「太閤道」といった。秀吉九州入りの時の通道の名残であろう。

原町道は清水山麓の本吉・小田を経て久留米領へ出られた。田中吉政の時代（一六〇一－一六〇九）に矢加部より久留米までの直通道路をつくったが、これを「田中道」といった。旧藩時代の道路は防衛上、両側に堀をうがったものが多かったという。

柳川は蒲池・龍造寺・立花・田中・立花と延べ五代にわたって筑後川、矢部川水系の流域治水工事や道路・港湾の改修などに力を入れ、領主はつねに風水害や干魃《かんばつ》など天変地異に備えて、領民を動員して督励に当たったのである。戦国領主、蒲池氏の時代はつねに大友軍に動員され、各地の戦場に駆り出されたので、道路・橋梁など充分に整備、改修するひまもなかったと思われる。

当時他国への外出は禁ぜられていて、特別な事情による以外は他領へ出ることなど思いもよらなかった。争乱がつづいたため、各地の治安は悪く国内から一歩出れば地理不案内な敵地であり、山賊・強盗などに襲われる危険もあった。

また他領への通行はきびしく、僧侶・山伏・修験者か、兵法修業者・乱破《らっぱ》など諜報や特殊な業務に関係したものがおもだった。だが、戦時物資調達のために他領へ出ることを許された商人もいたであろうし、生活に困窮して死を覚悟で他国へ逃亡したものたちもいたであろう。とくに農民に対しては、食糧確保と戦力としての両面から、逃亡を監視し、懐柔と罰の両面でのぞんだ。

大友氏に任命された〝目付〟や〝耳聞き〟が市井のすみずみまで探索して、不穏な動きを嗅ぐと直ちに本国へ報告するしくみになっていた。西部の下筑後は有明海に面して、舟運も盛んであったと考えられるが、とくに筑後川を隔てて舟で対岸の肥前領、寺井津や浮盃《ふばい》津《つ》への逃亡も容易で、榎津・若津の港

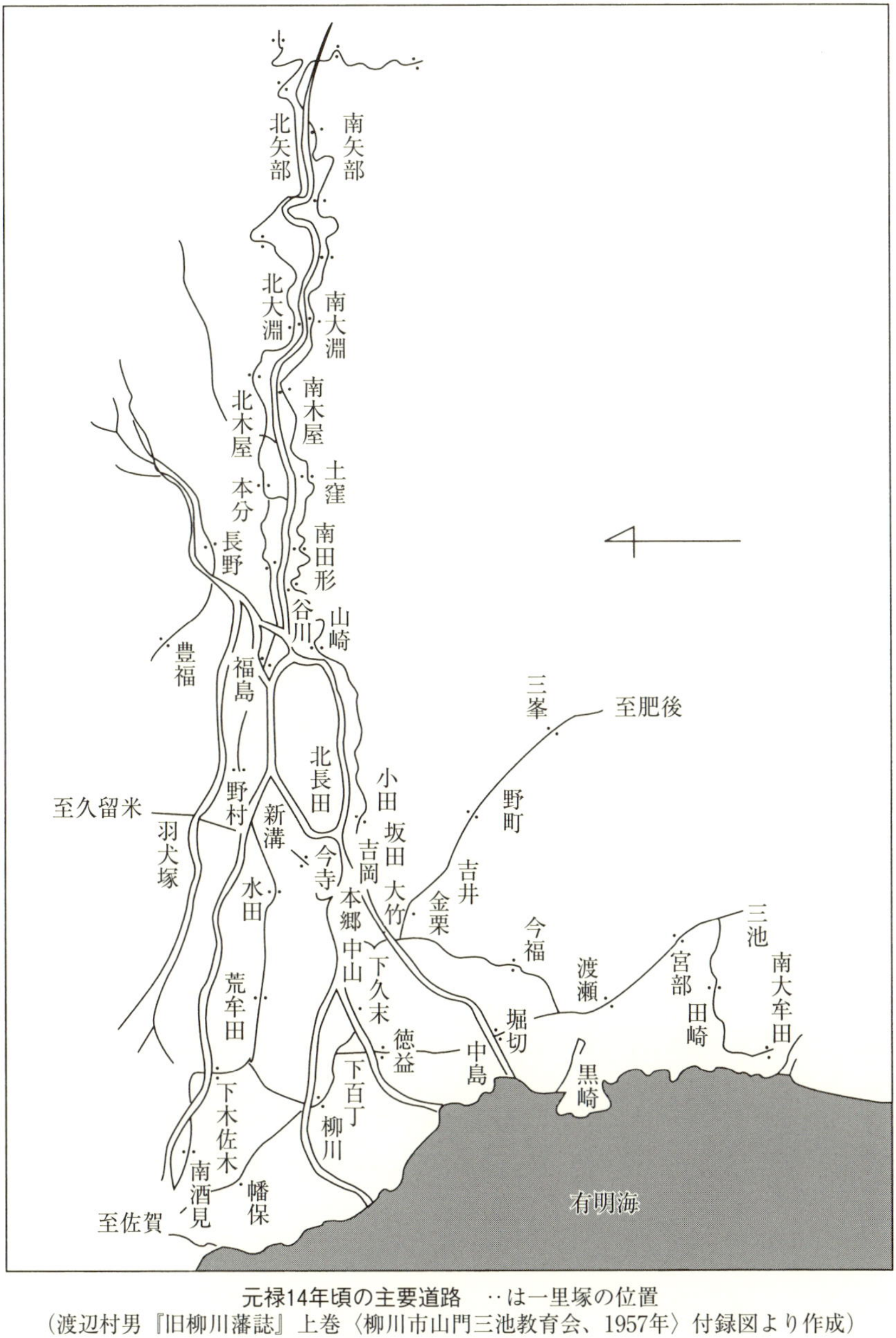

元禄14年頃の主要道路　‥は一里塚の位置
（渡辺村男『旧柳川藩誌』上巻〈柳川市山門三池教育会、1957年〉付録図より作成）

には舟番所があって、これら密出入国者への厳しい取り締まりに当たったことが想像される。

『筑後地鑑』に「柳川海道ハ先ノ国司田中公入部ノ後、長子主膳亮《しゆぜんのすけ》ヲシテ久留米ヲ守ラシム。故ニ慶長年中、新ニ此大路ヲ経営セリ。行程五里、広野ノ人家ナキ処三里ニ及ブ。茲《コ》レニ因《ヨ》リテ旅客行人夜行クコトヲ恐ル。故ニ野間ヲ闢《ヒラ》キテ町ヲ立テ、往還ノ便リト為ス」とあり、このように「田中道」といわれる新道開設工事をしたのであるが、それまでは三里（約十二キロ）行っても人家が一軒もないというので、夜間の交通は途絶えて、恐ろしいような光景だったと記している。また、柳川より福島を経て黒木に至る六里（約二十三キロ）の大道も、田中時代につくられたものであった。

戦国社会と農民

戦国時代は武士が農耕に従事したし、農民と武士と区別が明確ではなく、争乱の中で農民も動員されて戦場へ出た。手柄をあげればそのまま直参の武士になれた。かれらの仕事は城普請や修理、籠城の際の兵糧の確保運搬にあたり、あるいは陣夫として使役させられた。そして大きな合戦ともなれば、戦闘に参加させられて、激戦の中に死んでゆくものもあった。勝ち戦なら恩賞にもあずかることができようが、負け戦の場合はそれもなく、犬死同様の悲惨さを味あわねばならない。

負傷して耕作することもできなくなった農民たちには、どのような保障がなされたのであろうか。個人よりも家、家よりも国家を重んじたこの時代、個人の自由は束縛され運命共同体の責任を負わされていた。官位も地位もないかれらは「地下《じげ》」と呼ばれたが、必死で自分たちが居住する国家を守って戦った。敵に勝つことによって、かれらの生活は保障されたのである。

封建時代の農民の耕地に対する関係は現在の土地所有者のそれとは違い、単に領主から耕作権を認められたに過ぎなかった。そしてその反面、田租の義務も負わされていたのである。「百姓株」「百姓役」といった言葉がそれを象徴している。

領主にとって農民は、かけがえのない戦力であり、収入源でもあった。乱世に勝ちぬくためには、領民とくに国の大本である農民たちをどのように管理、支配するかが戦国大名としての必須の条件であった。

〝国家〟という観念にしても、現在の国家は国そのものであり、組織の統一集大化されたものの呼称として受けとめられているが、当時の〝地方国家〟は個々の領主（少なくとも大名クラス）が支配する生活圏が国であり、細分化された地方自治組織である。したがって領民はその国主（大領主）に所属する国民であった。

乱世にあっては、小国の領主は独立して自国を経営、維持することが困難であった。弱肉強食といわれたこの時代、弱い者は弱い者なりの知恵を働かせて生き抜き、滅亡をまぬがれるために懸命であった。そのため、小国は大国の傘下に入って所領の安堵を取り付け、あるいは小国同士が同盟団結して領域の防衛につとめた。

かれらのこの団結の単位を「党」と言い、または「一揆衆《いっきしゅう》」と称した。「党」は一般に同族間の団結を表し、「一揆」は同志的結合を表している。「一揆衆」とか、あるいは筑後衆の「衆」というのは同族以外の集合を称した。土民や下人などの下層クラスの集まりを「手合」といった。身分・階級に応じてそれぞれ呼称も違った。

「党」の代表的なものに肥前の松浦党があるが、原田・秋月・田尻・江上・高橋などは大蔵党である。筑後衆・筑前衆という国単位の呼称もある。さらに広範囲なのに「国衆」がある。これら大小の武士集団の中で、もっとも団結の強さを表しているものは、一揆衆や党であろう。

大友家では直臣最高クラスの「加判衆《かばんしゅう》」が国政を補佐し、政治・経済・軍事にわたって国家経営の最高機関であった。当時の実力社会における各階級を序列順に示すならば、武家・寺社家・公家・商人・土民下人の順となろう。公家は下剋上とともに没落し、支配者階級より転落して戦乱の中に武家に養われて逼塞《ひっそく》していた。寺・社家は一山一社をあげて軍事力に専念し、神領や寺領の防衛に腐心したとみられる。筑後では高良山が長い間、大友の軍事力の一端をになうほど山徒宗門の勢力が強かったのである。

なお当時（永禄－天正中期頃まで）の筑後国内の諸城と諸城主を列記してみよう。

【三池郡】	吉岡城	古賀村城	山隈城	妹川城	栗屋城	木室城
江浦城	浜田城	【山本郡】	【生葉郡】	万貫城	兼松城	福間館
飛塚城	堀切城	竹井城	高岩城	平家城	辺春城	【三潴郡】
内山城	宮園城	発心岳城	白石城	高井嶽	白木城	西牟田城
今山城	鷹尾城	【竹野郡】	鷹取城	【上妻郡】	葹《ともみ》城	生津城
今福城	蒲船津城	高丸城	高島城	山下城	高屋城	城島城
大間城	佐留垣城	内山城	内　城	猫尾城	月足城	海津城
【山門郡】	垂見城	山中城	福丸城	高牟礼城	熊河城	下田城
柳川城	【三井郡】	新田城	妙見城	犬尾城	山崎城	酒見城
松延城	吉見岳城	【御原郡】	井上城	鷲　城	谷川城	津村城
大木城	久留米城	本郷城	長岩城	鬼ノ口城	【下妻郡】	
本郷城	赤司城	下高橋城	立石城	知徳城	馬間田城	
瀬高城	西鯵坂城	吹上城	松尾城	福島城	溝口城	

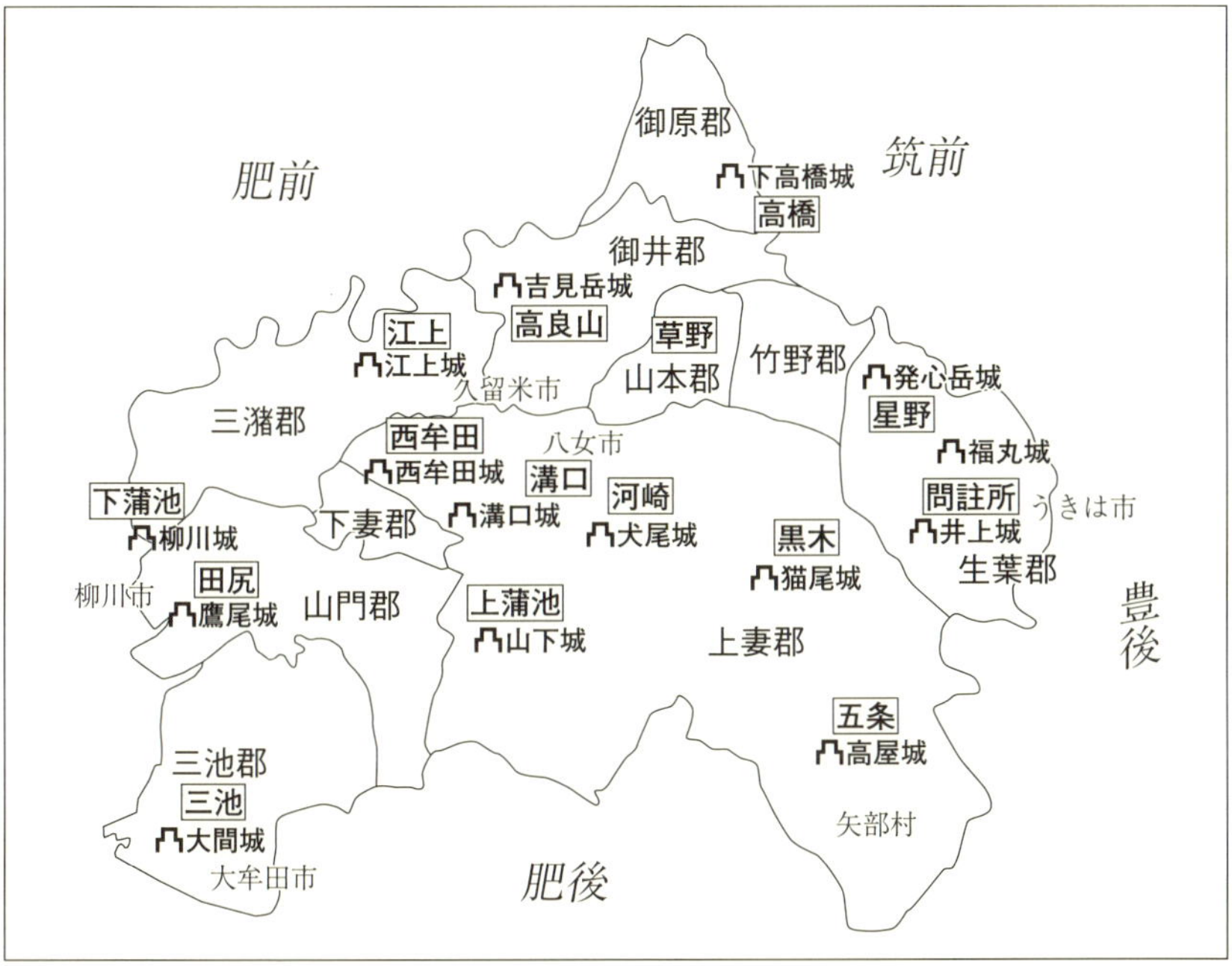

筑後郡内の主要諸城図（細字は現在の市町村名）

城主	城名	所領高
草野鎮永	発心岳	六七七町
丹波良寛・麟圭	高良山	五八〇町
蒲池鑑盛・鎮並	柳川	五四〇町
蒲池鑑広・鎮運	山下	五四〇町
田尻鑑種	鷹尾	三一八町
溝口遠江守	溝口	五〇町
問註所鑑景・統景	井上	三〇〇町
星野中務大輔吉実	福丸	五〇〇町
河崎鑑実・鎮堯	犬尾	二五〇町
黒木兵庫頭家永	猫尾	六四六町
上妻越前守鎮政	山崎	二〇〇町
三池上総介鎮実	三池	二五〇町
五条鑑量・鎮定	高屋	一五〇町
三原和泉守紹心	本郷	一〇〇町
豊饒永源	兼松	八三町
小川伊豆守	小川	五〇町
西牟田新助家周	城島	五〇町
安武山城守鎮教	海津	五〇町
麦生重種	麦生	二五町
田尻了哲・彦七郎	江ノ浦	三三町

立花道雪と高橋紹運

誠実の人紹運

ここで筑後方面、とくに柳川と深い関係をもつ戸次鑑連、高橋紹運について記しておきたい。

前述のように永禄十二（一五六九）年、立花合戦中、情勢の急変により毛利元就は吉川・小早川などの諸軍を筑前から撤退させたので、宝満山で頑強に抵抗していた高橋鑑種は降伏し、所領没収のうえ小倉へ移された。大友宗麟は鑑種が一族の身でありながら、豊筑動乱の元兇となったことを憎み、首を刎《は》ねようとしたが、実家である大友家の重臣一万田氏の必死の嘆願で、あやうく一命をとりとめた。鑑種はこれを機会に法体となり、宗仙と号した。こうして筑前擾乱《じょうらん》は一応終止符が打たれたのである。

宗麟にとって、高橋鑑種や立花鑑載など一族の者の反逆は、飼い犬に手を咬《か》まれた思いであったろう。宗麟が争乱の再発防止のためにも、筑前の戦略拠点宝満・立花両城督の後任に強力な人選をもってのぞんだことがわかる。その結果、一族の国東《くにさき》郡屋山城主（豊後高田市加礼川）吉弘鑑理《あきまさ》の二男弥七郎鎮理《しげまさ》が起用されることになった。そして、新たに筑前高橋家を継がせ、高橋主膳兵衛《しゅぜんひょうえ》鎮種《しげたね》と称するようになる。「鎮」は、大友宗麟（義鎮）の偏諱《へんき》を受けたものであるが、「種」は筑後以来の大蔵一族高橋氏の通字である。

宗麟は、この鎮種へ御笠郡二千余町と宝満・岩屋両城を与えた。

元亀元（一五七〇）年五月（永禄十二年説もある）、鎮種は住みなれた豊後国東の地より家族・郎党を引き連れて、大宰府の地へ移ってきた。家臣団の中には、旧高橋系の家臣らも含まれていた。鎮種ときに二十三歳、のちに紹運と号した。紹運は年は若かったが、誠実な人柄で部下思いであり、しかも兵術に長《た》けていた。かれの人柄を物語る次のような話がある。

かれの婚儀については父、吉弘鑑理と大友家で武勇の家柄を誇る斉藤鎮実との間に、鎮実の妹（一説に娘）を紹運の嫁にという約束が交わされていた。無口な紹運も、彼女の温和な性質を好ましく思ってこの縁談を承知していたが、戦場から戦場へと飛びまわっていたため、婚儀ものびのびになっていた。

高橋紹運画像（天叟寺所蔵・柳川市）

そのうち彼女が当時流行の疱瘡《とうそう》（天然痘、あばた）にかかって、容貌が見苦しく一変してしまい、さすがの鎮実もついに断念して、自らこの約束を断ってきた。これを聞いた紹運は「自分が彼女を妻に欲しいと思ったのは、彼女の心の優しさであって、決して容色の美しさではない。いま不幸にして顔かたちが変わったからといっても、その資性は何ら変わってはいない。それなのにどうして違約できようか」と言って、心から彼女を妻に迎えた。

はたして、紹運の思ったとおり、そののち夫人は貞節、淑徳の聞こえ高く、夫を助け家人を慈愛したので、家臣たちから母のように慕われたという。紹運との間に統虎、統増《むねます》の男子ふたりのほか、四人の女子を生み賢母の名を高からしめた。

筑前赴任時、夫人は二十歳そこそこであり、長子千熊丸はのちに統虎と名乗り、さらに立花宗茂と改名して柳川城主となり、海内無双の豪勇をうたわれるのである。次男統増はのちの三池藩祖立花直次である。

宗麟は最初、立花城督に高橋鎮種の父、吉弘鑑理を当て、父子コンビで筑前経営に当たらせようとしたが、鑑理は先年肥前滞陣中に発病し、以来病気がちだった。そこで宗麟は急遽、一族の戸次鑑連を後任にした。「道雪（鑑連）は永禄十年に休松戦後、筑前、筑後の国境にある花立山（一三一メートル）山頂の山隈城（小郡市山隈）に在城していたが、翌年十一月、高良山麓の問本城《といもと》（久留米市草野町）に移った。さらに元亀元（一五七〇）年八月、筑後河北の要衝赤司（久留米市北野町）へ移城していた」（『豊前覚書』『橘山遺事』）。彼は命を受けると妻子一族、家臣団を引き連れて立花城下へ赴任した。

輿に乗った道雪

戸次道雪（鑑連）は、立花移住前の問本城にいた時に再婚した。妻は生葉郡長岩城（うきは市浮羽町新川）主問註所鑑豊《もんちゅうしょあきとよ》の娘仁志姫《にし》で、彼女もまた再婚であった。初め三潴郡海津城（久留米市安武町武島）主安武山城守《やすたけやましろのかみ》（民部少輔《みんぶのしょう》ともいう）鎮則《しげのり》に嫁したが、夫が戦死した（一説では龍造寺に降伏したという）ので一男一女を連れて実家の長岩城へ帰っていた。

大友の勇将、戸次道雪の名は有名だが、その道雪も妻に死別して家庭運に恵まれず、実子がいなかった。そこへ再婚話が起きて、仁志姫を妻に迎えることになった。この婚姻について『豊前覚書』（筥崎座主家の参謀格として立花城に帰属していた城戸《きど》豊前守《ぶぜんのかみ》知正《ともまさ》の子清種が元和二《一六一五》年に完稿した記録）は全く違った記述をしている。文中、主水正《もんどのしょう》とは城戸豊前守のことである。

安武殿御妹、今程御家にて御座候由申し上げ候へば、何とぞ才覚仕りくれ候様に、内の者共頼み談合仕り候へと御意《ぎょい》に候間、追っ付け内々安武殿へ申し入れ候へば、如何躰《いかてい》に成りとも、鑑連に進むべき由御返事に候。さりながら男子一人娘一人持ち申し候。此の二人召し連れ参り候事は、御陣所と申し成り難く候。殊に此の母召し連れ候はねば参る間敷候由、ひらたに申し上げ候へと、安武殿仰せられ候間、其の由鑑連様へ申し上げ候へば、鎮則（安武）有躰《ありてい》の内意、尤もに思し召され候間、次第には両人の子供召し寄せらるべく候。先ず御娘子ばかり進められ候へと主水正に仰せ聞けられ候条、御意の通り、鎮則へ申し入れ御縁中相澄（済）み申し候。

大友家の重臣で勇将として知られた戸次道雪は宗麟の将として肥前に出陣したが、龍造寺隆信と講和後は筑後に在陣していた。

道雪は、妻に先立たれて当時、寡夫《やもめ》で子供もいなかった。彼は再婚の相手を探していたので、ある日、耳聞き（情報担当）の城戸豊前守を呼んで、誰か心あたりの女性がいないかと聞いたところ、豊前守は安武鎮則の妹が後家《ごけ》になって、今実家に帰っていると聞いていますと答えた。

道雪は、心を動かされたのか、ぜひ話を進めるようにと斡旋《あっせん》を命じた。豊前守は、さっそく道雪の意を鎮則に伝えた。鎮則はこの話を承諾したが、「妹は男女二人の子も一緒に連れて行かねば、この再婚を承知しないでしょう」と言った。道雪は彼女の子連れの条件をうけ入れ、先ず娘から先に連れてくるように伝えさせ、この縁談がまとまった。

『豊前覚書』の文意は以上だが、再婚の女性を安武鎮則の妹としている。一方、『旧柳川藩志』には、道雪再婚の相手は、生葉郡長岩城主、問註所鑑豊の娘仁志で、彼女は先夫安武鎮則との間にできた二人の子をつれて道雪に嫁いだとあり、安武鎮則を仁志姫の先夫としている。このように史料によっては、全く相違する。

この婚儀は、宗麟じきじきの媒酌であったというが、道雪は彼女のふたりの子も同時に引きとったのである。翌年、この問本城で娘誾千代《ぎんちよ》が生まれた。道雪にとってみれば、老境に入って初めて得た一粒種であった。彼は翌元亀元年、さらに赤司城に移る。かくて誾千代二歳のとき義兄姉《きょうだい》たちといっしょに父道雪に連れられて立花に移った。仁志姫の連れ子のうち男子は、のちの筥崎座主となった方清法印である。

立花入城後、道雪は戸次から立花姓に改め立花道雪と名乗る。道雪については、多くの逸話がある。

かれは少年時代から兵略にすぐれ、十四歳で初陣してはやくも敵将を降している。主家大友義鑑・義鎮・義統の三代にわたって仕え、早くから戦場に出て数々の手柄を立てた。資性端直《しせいたんちょく》、私欲に恬淡《てんたん》で手柄は惜しげもなく部下に与え、戦場ではつねに第一線に立って将兵を指揮して戦い、その勇猛ぶりは他家にまで響いていた。

かれは後年、落雷にあって傷を負い、足が萎《な》えて不自由の身となったが、それでも気力は抜群で、戦場では輿《こし》に乗り、太刀を差す百余人の勇士たちにかつがせて敵陣へ突進させた。「エイトウ、エイトウ」と三尺ばかりの棒で輿の縁《ふち》を叩いて調子をとる。少しでも速度が落ちると、たちまち割れ鐘のような声が飛ぶ。この調子が聞こえ始めると、「それっ、音頭が始まったぞ」と、戸次軍は先を争って進んだ。

もし味方が崩れ始めると、「この輿を敵の真ん中にかつぎ入れよ。命の惜しい者は輿を捨てて逃げよ」と、大きな目玉をむいて言う。みなこの言葉に奮いたち勇戦したから、不利な戦況も盛り返すことができた。

かれは卑怯未練な振る舞いをもっとも嫌い、「道雪」の号も路上に露と消え去るまで残っている雪のように、いつまでも武士たる者は節義を守ることを願ってつけたといわれる。

道雪はよく人に、「武士に弱い者はない。もし、かりに弱い者がいるとしたら、それはその者に対する大将の励ましが足りないからである。わが家中では下々に至るまで、みな功名のない者はない。もし他家で人より遅れをとる武士がいたなら、当家に仕えてみよ。必ずわしが勇士にしてみせる」と語った。また、いまだ功のない者には、「人には運、不運がある。そちが弱くないことは、このわしがよく知っている。明日にも戦いが始まったら、血気にはやって命を無駄にして討死にするなよ。死んだらかえって不忠になる。体を大切にしていつまでもこのわしの力になってくれ」と言って酒肴などを振る舞い、流行の武具などを与えて、やさしく慰めた。

立花道雪花押

また若い家臣が来客の宴席で粗相でもすると、客の前へ招き寄せて、「かれはこんなことには不《ふ》慣《な》れですが、ひとたび戦場に出れば火花を散らして戦います。ことに槍はこの人の得意でござる」と、自ら槍を取ったしぐさをしてほめ、失策をかばってやる。実に部下の心をとらえた武将であった。その半面、軍律は厳しく公私のけじめをはっきりさせた。

永禄年間、大友家の勢威は振い宗麟は九州一の大名となったが、酒色におぼれて国政を顧みない時期があった。城の奥の間に入ったきり出てこないのである。この

戸次氏系図

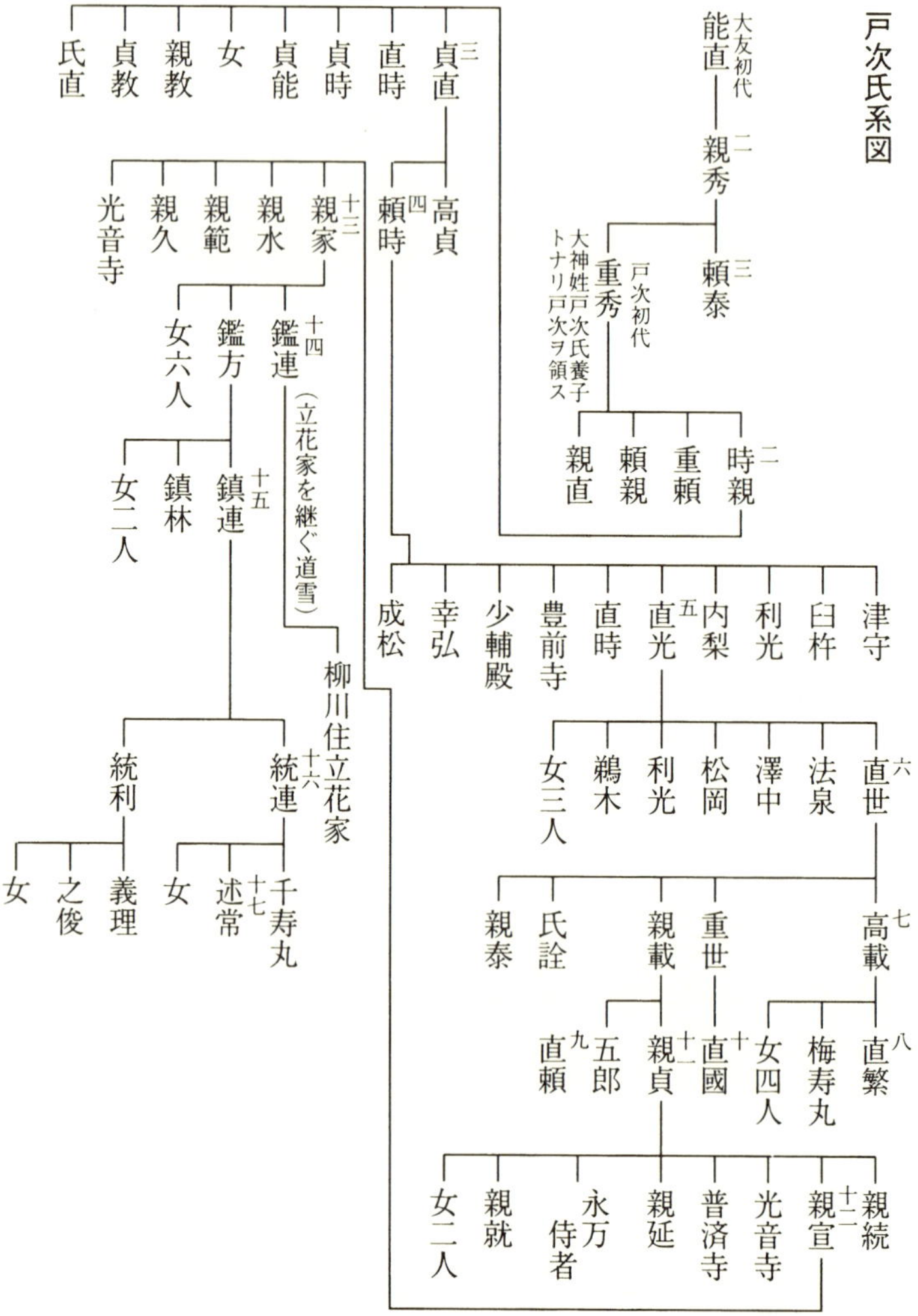

大友初代 能直
二 親秀
三 頼泰
戸次初代 重秀
大神姓戸次氏養子トナリ戸次ヲ領ス
二 時親
重頼
頼親
親直
三 貞直
直時
貞時
貞能
女
親教
貞教
氏直
高貞
四 頼時
十三 親家
親水
親範
親久
光音寺
十四 鑑連
（立花家を継ぐ道雪）
柳川住立花家
鑑方
女六人
十五 鎮連
鎮林
女二人
十六 統連
統利
十七 千寿丸
述常
女
義理
之俊
女
津守
臼杵
利光
内梨
五 直光
直時
豊前寺
少輔殿
幸弘
成松
六 直世
法泉
澤中
松岡
利光
鵜木
女三人
七 高載
重世
親載
氏詮
親泰
八 直繁
梅寿丸
女四人
十 直國
十一 親貞
五郎
九 直頼
親続
十二 親宣
光音寺
普済寺
親延
永万
侍者
親就
女二人

吉弘氏及び高橋氏系図

- 初 大友能直 ―（能直十二男）泰広 ― 貞広 ― 正賢（貞広二男 吉弘氏祖 又三郎）― 二 氏輔（正賢長子 丹後守）
- 三 氏広（氏輔弟 山城守又三郎）― 四 直意（氏広子 土佐守）― 五 綱重（直意二男 石見守）
- 六 親利（綱重子 蔵人佐、石見守）― 七 親信（親利子 石見守、博多にて戦死）― 八 氏直（石見守 豊後勢馬ケ原で戦死 天文三・四・六）
- 九 鑑理（左近太夫、太郎 鑑直、蔵人佐、伊予守 元亀二年五月卒）
  室大友義鑑女
  - 十 鎮信（左近太夫、賀兵衛尉、太郎、新介屋山城主、六郷山別当 法名宗鳳、宗仞、天正六・九・廿七日向高城で戦死）
    室臼杵鑑速女
    - 十一 統幸（太郎、賀兵衛尉、統運、屋山城主 六郷山権執行、慶長五・九・一三豊後石垣原で戦死）
      室志賀道輝女
  - 鎮種（幼名千寿丸、鎮理、弥七郎、三河守、主膳兵衛、元亀元年 高橋家を継ぐ、法名紹運、天正十四・七・廿七筑前岩屋で戦死）
    室斉藤鎮実妹
    - （立花）統虎（立花家の養子となり立花宗茂と称す。柳川藩祖、幼名千熊丸、左近将監、飛騨守、立斎、寛永一九・一一・廿五卒）
    - 統増（直次、主膳正、立花姓となる。三池藩祖、元和三・七・一九没）
  - 女（戸次山城守入道宗傑＝道雪の従弟＝の室）
  - 女（二十二代大友義統の室）

とき道雪は一計を案じてかれに会い、熱誠をもって諫言した。このほかにも、しばしば忠諫している。当時のキリスト教宣教師フランシスコ・カリヤンがイエズス会に報じた書簡の中で、道雪のことを七十歳余の老人にして、国王（宗麟）が有する諸城中、「最も武勇あり優秀なる大将」と記している。

立花道雪と高橋紹運は、親子ほども年齢差があったが、このふたりは共に手を取り助け合って、生涯、大友家のために忠誠を尽くして節義を貫いた。

立花道雪の妻仁志姫の実家が筑後問註所氏であり、また道雪が筑前入部まで筑後赤司城にいたことや、鑑種や紹運が継いだ高橋家の本拠が筑後御原郡であり、また高橋家の旧臣、北原・伊藤・屋山なども筑後に分布した大蔵氏である。のちに高橋紹運の子立花宗茂や統増（直次）が、秀吉によって柳川・三池にそれぞれ封ぜられたのも、大友以来の筑後との深いつながりによるものであろう。

耳川の戦と筑後勢

宗麟の日向遠征

天正六（一五七八）年八月、大友宗麟・義統父子は日向遠征の軍を起こす。この前年、島津氏は隣国日向の伊東義祐、祐兵《すけたけ》父子と戦い、その居城都於郡《とのこおり》城（西都市鹿野田）、飫肥《おび》城（日南市飫肥）を奪い、鎌倉以来二百数十年間つづいた伊東勢力を日向の地から一掃した。義祐は一般に伊東三位入道と呼ばれているが、かれは遠縁にあたる豊後の大友家をたよってのがれた。義祐の子義益の未亡人阿喜多《あきた》が宗麟の姪であった。

この当時、大友家の武威は自他ともに九州最大であり、宗麟の時代に六州の大守として君臨し、かれの命令一下たちまち豊後国内はじめ肥後、筑後などの領国各地から数万の軍勢が動員されたのである。

一方、九州南端で力を蓄えつつあった島津氏は、当主義久はじめ義弘・歳久・家久の四兄弟ががっちりスクラムを組んで基礎を固め、伊東氏を日向より追放して、その勢力はようやく強大となってきた。

大友は、それまで伊東という島津に対するつっかえ棒があったから、南方からの侵略を心配せずによかったのである。ところが伊東の敗戦で、そのつっかえ棒がはずされ、大友方であった県《あがた》（延岡）の土《つち》

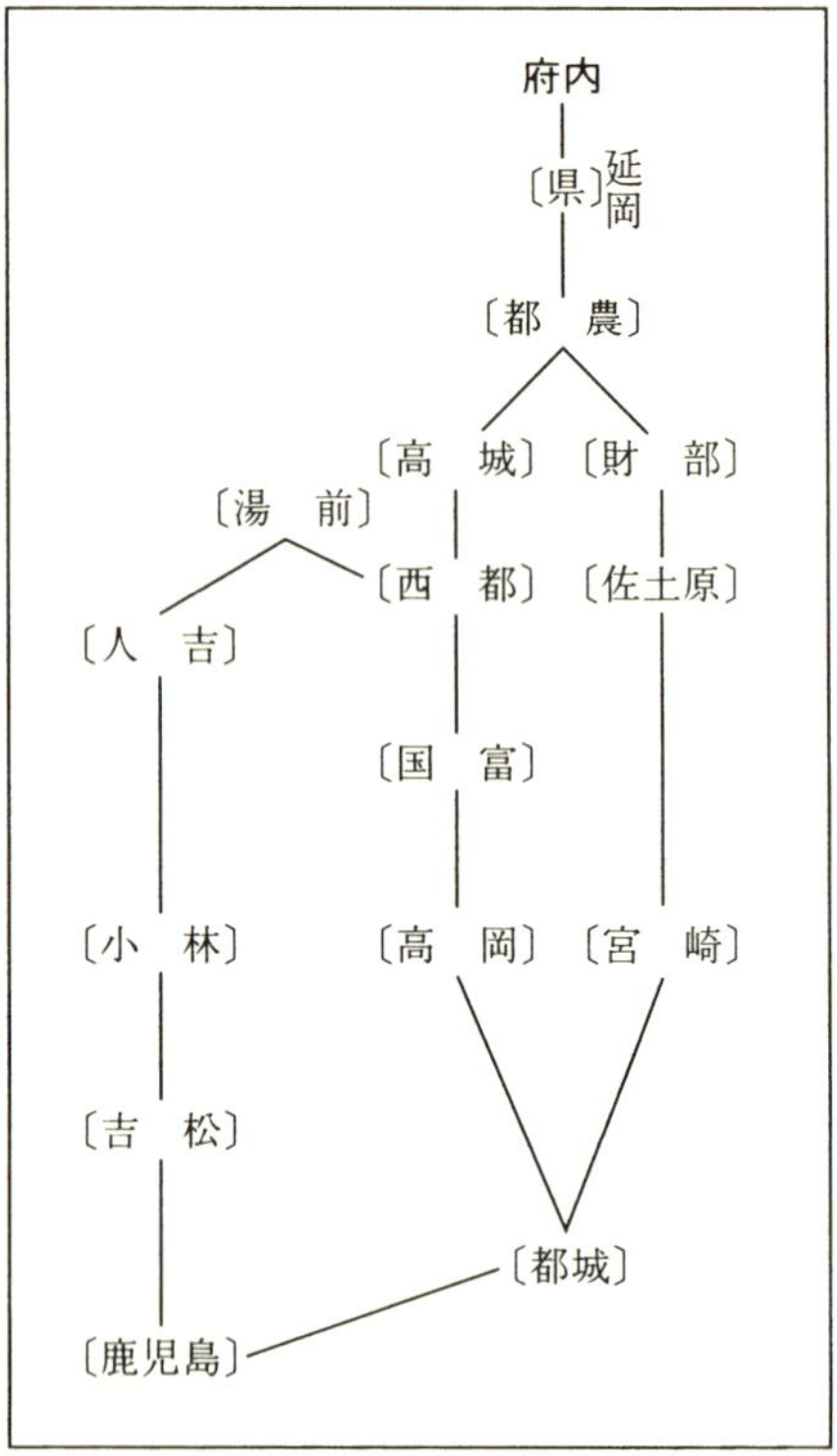

高城を中心とした交通要路図

持親成《もちちかしげ》も島津へついたため、南からの攻撃ルートはまっすぐ豊後へと伸びてきた。両者は早晩激突する運命にあった。

だが、大友には九州一を誇る軍事力があったし、伊東義祐より日向復帰の泣訴を受けた宗麟は、日向に進攻して伊東の旧領を取り返し、あわよくば逆に島津本国まで攻めこむ考えであったと思われる。まず手始めに土持征伐が開始され、大友義統を大将に数万の大友軍が県を攻め、鎧袖一触《がいしゅういっしょく》たちまち本城松尾城（延岡市松山町）を落として、日向北部を平定してしまった。これでやめておけばよかったのだが、勝運に乗った宗麟は第二次日向出兵の命を下したのである。さすがに、第二次出兵には軍師角隈石宗《つのくませきそう》や老臣らをはじめ、反対の声が強かった。今度の征討は土持征伐とは事情が違い、相手が島津である。

心ある家臣は、宗麟が考えるほど島津征討が容易に運ぶとは思わなかった。それに島津への出兵中に、もし肥前の龍造寺隆信や中国の毛利勢が豊・筑の回復を狙って攻め寄せてきたらどうするか、筑前に立花道雪、高橋紹運らの勇将がいるからといっても、周囲の大友方はみな毛利や龍造寺について寝返ってしまい、これらを相手にしてはいくら道雪、紹運両将でも、支えることは至難である。

そうなれば大友家は三方に敵を迎え、重大な危機となる。島津を討つことよりも、むしろ国内を固めて充実させるべきである。かれらのこのような声は、宗麟の妄想によって打ち砕かれてしまった。その妄想とは、キリスト教信者となった宗麟が、日向の地にキリシタン王国を建設しようとすることだった。

宗麟の入信は天正六（一五七八）年七月、日向進攻直前、臼杵の教会で洗礼を受け、名もドン・フランシスコと名付けられた。宣教師フランシスコ・ザヴィエルと会って入信を勧められてから二十七年目である。そしてかれは、ジュリアの教名を持つ婦人と再婚した。ときに宗麟四十九歳。かれの脳裡にはすでに、〝愛の王国〟建設の壮大な青写真が描かれていたことだろう。しかし、今度の再征に反対する部将たちの間には、討死を覚悟したのか各所でさかんに酒宴が開かれたという。

第二次日向出兵はこのようにして強行され、十字架の旗を押し立てて、宗麟は妻や宣教師たちを引き

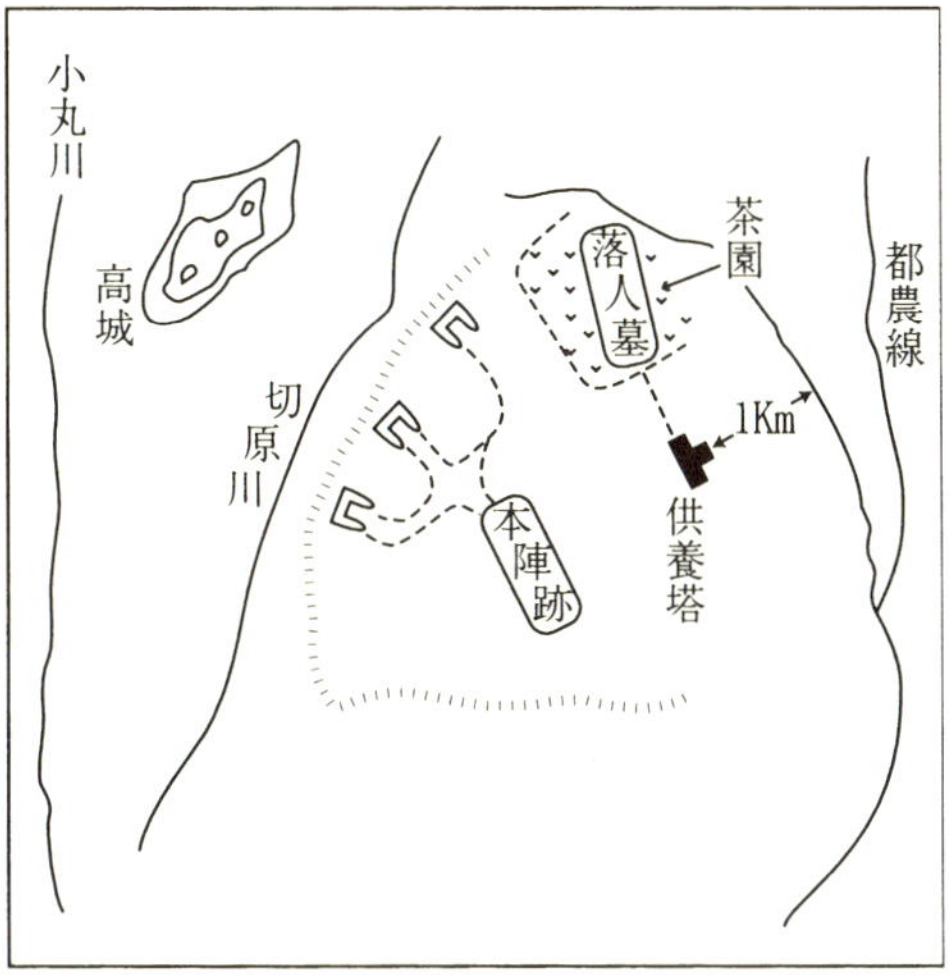

大友陣地図

連れ臼杵の港から船で出発したが、大多数の兵は陸路をとった。

『大友記』によれば、出発に際して柞原《ゆすはら》八幡宮へ向かって弓を発射して、社人たちを仰天させたり、行く途中で社寺、仏閣を焼き討ちにして狼籍《ろうぜき》を働いたという。当時武士たちの間には、まだキリスト教はそれほど浸透せず、多くの兵士たちは神仏信仰者が多かったから、きっと天罰を受けるだろうとかれらは畏怖していた。

務志賀《むしか》（現・延岡市無鹿町）に上陸した宗麟は、ここに本営を置いた。各国からの兵は続々と日向に集結してきた。

『北肥戦誌（九州治乱記）』によれば、筑後の諸将は十月二

日に打ち立ち二十四日に到着している。これより前、大友の日向進発に対して高良山より祈禱巻数がおくられているが、宗麟は高良山大祝《おおほおり》職鏡山氏に対してこれの礼状を出している。なお柳川の蒲池鎮並は、すでに龍造寺に通じていたので、父鑑盛とともに出発したが、落馬したと言って途中から引き返してしまった。

大友軍は豊・筑・肥六カ国の兵三万五千に、伊東の旧臣や北日向の兵を合わせて五万といわれる軍勢で、宗麟の宰臣田原紹忍が総指揮を取り、耳川を渡河し途中待ち伏せしていた島津の一支隊を破って進撃し、十月二十日、島津の将山田有信が守る新納院高城《にいろいんたかじょう》（児湯郡木城町）に迫った。高城は日向中央部（宮崎平野）への、のどもとに位置し、道は各方面に分岐する。薩摩進入ルートの補給中継点として交通の要衝である。九州山脈の水を集めた耳川は、途中に険しい峡谷をつくりながら東流して、美々津（日向市）北方で日向灘に注ぐ。

古来、耳川を制す者は日向を制するといわれてきた。高城は、この〝耳川還流〟ともいうべき一級河川の小丸川と支流切原川がY字型に交差する地点の突出した険崖の上にある城で、高さ六、七十メートルの頂上にあった。本丸は台地の東端にあり、背面は上面木山《じょうめきざん》に連なる山地につづき、三方は数十メートルの断崖で、天然の要害をなしている。頂上の広さは約千坪（約三三〇〇平方メートル）ほどで、地元では城山と呼ばれ、現在公園となっているが、本丸と深い谷を隔てて二の丸、三の丸とつづき、本丸と二の丸との間に大堀切があったが、現在は湿田となっている。

高城の戦

高城はかつて伊東四十八城の一つであったが、天正五年島津氏に敗れて以来、その領有となり、大友

高城城趾より小丸川を望む（宮崎県児湯郡木城町）

軍の来攻のときは、島津義久の信任厚い山田新介有信が、わずか五百の小勢で守っていた。

大友軍は小丸川の支流、切原川を隔てた東方約五百メートルの、通称カンカン原といわれる丘陵地に布陣していた。広さは数十町はあろうと思われ、現在は茶畑があちこちにひろがる。百メートル間隔で、三カ所の壕の跡が今もなお藪に覆われ当時のままである。各壕間はT字型の間道が掘られ、当時掘った土砂の堆積した跡が歴然と残っている。

両軍の激戦は、この川を挟んで行われた。大友軍はカンカン原から「国崩し」といわれる石火矢（大砲）を対岸の高城めがけて撃ちこんだ。日向で大砲が使われたのは、この時が初めてであろう。だが当時の大砲では、五百メートルは飛ばない。切原川原まで前進して射程を縮めねばならない。鉄砲はさらに前進して撃たなければとどかない。その上、断崖と湿地がこれを阻んだ。

城将山田有信以下五百余の兵は、大友の大軍の猛攻を受けても一歩も退かず、二の丸まで落とされたがよく守ったので城は容易に落ちなかった。しかし籠城一カ月に及んで糧食も尽きかけ、さすがの堅城も危くなり、落城は目前に迫ってきた。「高城危うし」の急報は島津本国へ飛んだ。島津義久は直ちに二万五千の兵を率いて救援に向かった。島津のこの出兵には、下は十五歳から上は六十歳までの身体の動かせる男子を可能な限り動員したのである。

薩摩本国はこのとき空っぽになった。肥後の相良義陽《さがらよしはる》は、このすきに薩摩進攻を企てたが、島津の将新納忠元によって撃退され八代へ逃げ帰った。

十月二十二日、高城南方の佐土原（現・宮崎市佐土原町）に入った島津義久は、高城救援の兵を送り、さらに根白坂（現・児湯郡木城町）へ前線基地を移して万全の布陣態勢をとった。

天正六年十一月九日、大友軍は島津の主力が新田原《にゅうたばる》（児湯郡新富町）に進出したことを知り、全軍を湯迫―下田神―尾脇（全て児湯郡川南町）の北西の地点まで下って戦闘隊形をとる。このときの正面陣形は、幅三、四キロ、縦深約一キロ位の配備であったと考えられる。そして島津軍の小丸川渡河地点を高城以北と判断し、左翼軍を迂回させ退路を遮断しようとはかった。

島津側は大友軍が移動するのを知り、急遽小丸川を渡り北面の切原台上を確保し、両軍切原川を挟んで決戦に入ったと推測される。大友軍先鋒の田北鎮周、佐伯宗天の両軍はそれぞれ相備えとして、高城の南北に布陣、東には田原紹忍、吉弘鎮信、木付親慶、斉藤鎮実、臼杵鎮次ら主力がひかえた。蒲池、星野の筑後勢三千は第一陣として、斉藤鎮実の隊と併列して島津軍に対した。

十一月十一日夜、大友軍では各部将たちによる作戦会議が開かれた。先鋒を受けもつ佐伯宗天や軍師角隈石宗らは、しばらく敵の出方を見ながら務志賀の本陣にいる宗麟の指示を仰いで行動すべきだ、と慎重論をとなえた。これに対して同じ先鋒をつとめる田北鎮周は、「戦は機先を制してこそ勝運がひらかれるのである。目前に敵を見ながら、指をくわえてじっと待機するなど、とてもできることではない。直ちに渡河して突撃すべきである」と主張して意見が対立した。これに同調する部将たちもいたが、総指揮官田原紹忍は慎重論をとり、これを慰諭した。

しかし田北は、自分の意見がいれられぬと知るや、さっと席を立ち自陣に引き揚げると、一族郎党らと酒盛りを始め、田北に同調した部将たちも心中期するものがあって、それぞれの陣中でめいめい訣別の酒宴を張った。

軍議が決裂したままの決戦前夜が過ぎ、やがて運命の十二日未明、寒風をついて田北軍は一丸となって、切原川を渡り始めた。あくまで自分の主張を通そうとしての強行渡河であり、慎重論の部将たちへの豊後武士の意地を示すかのようであった。これを見た佐伯隊も「田北のぬけがけを黙って見過ごすことはできない」と、同じく川へ突入した。こうなってはもう収拾できず、斉藤・吉弘・木付・臼杵・吉岡の諸勢や筑後勢もこれにならい、軍師角隈もまた先頭に立って、めいめい川を渡り始めた。

これを見た島津軍は、水中で討ち取ろうと待ち構え、鉄砲を浴びせて大友軍を撃ち倒し、突撃に移る。

霜月の水は身を切るように冷たく、寒風凛冽《りんれつ》として両軍将兵の肌を刺した。

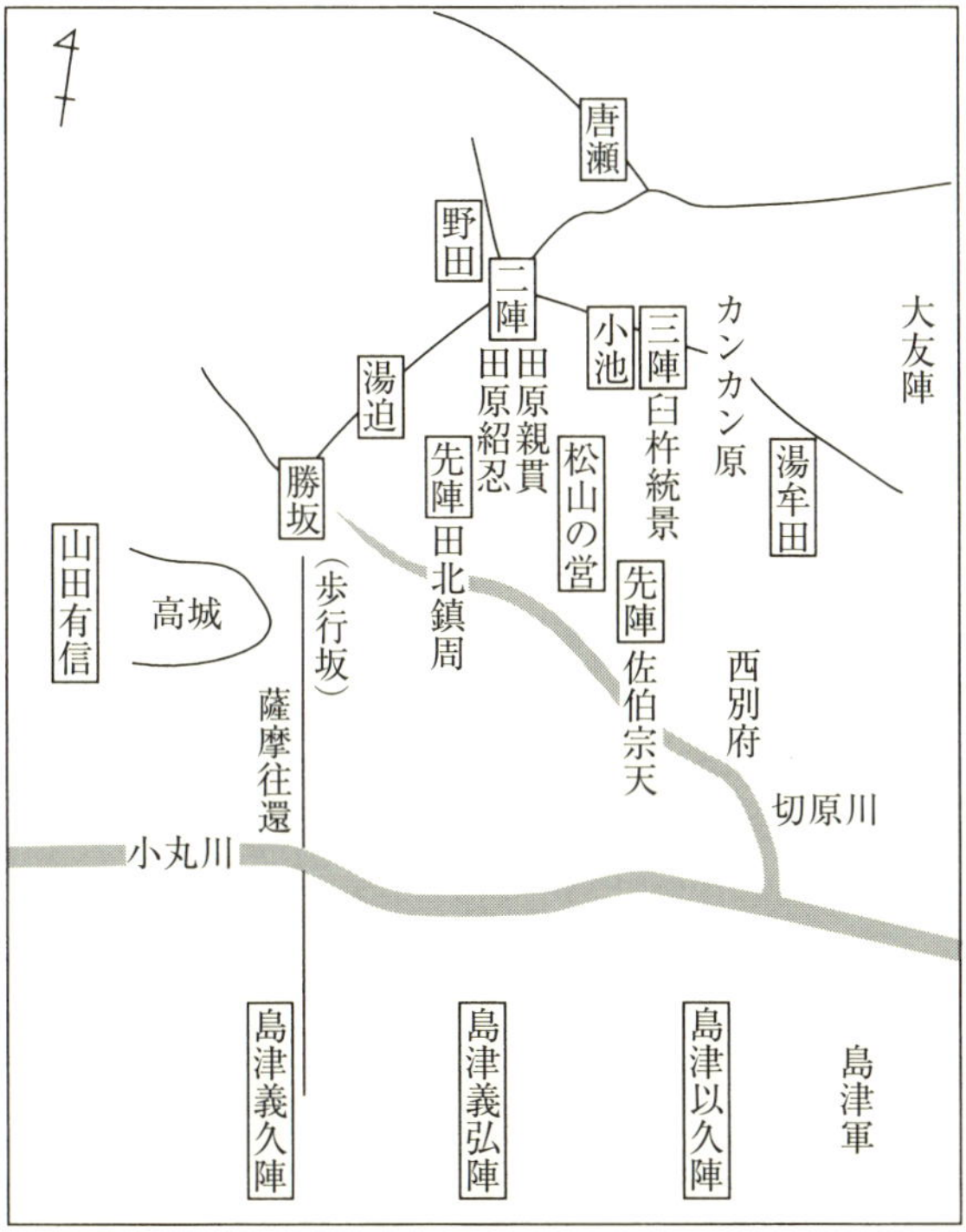

大友・島津軍布陣図

たちまち河原や水中で両軍入り乱れての死闘が展開され、大友軍の猛烈な勢いに初め島津軍は追い上げられ後退したが、大友全軍の指揮が乱れて統制がとれずばらばらに戦い、ただ死ぬために各隊が、がむしゃらに突撃するのみであった。

島津軍はやがて態勢を立て直すと、大友軍の指揮系統の乱れに乗じて、包囲作戦をとり攻勢に転じた。てんでんばらばらの戦闘をしていた大友の小部隊が、分断されて全滅し始め、さらに高城から打って出た山田有信の手勢と、島津家久の一隊が横間から奇襲をかけてきたため、大混乱をきたし敗色はさらに決定的となり、ついに人馬折り重なって倒れた。

「人馬の死骸河原の石よりも多し」(『北肥戦誌(九州治乱記)』)とあるように、溺死する者、槍で突き殺される者など凄惨な地獄図が展開された。主力の吉弘・斉藤・田北・佐伯をはじめ、渡河部隊のほとんどは討死し、小丸・切原両川の水を真っ赤に染めた。大友方は大将十一、三老七族ことごとく戦死したが、この敗報が無鹿の本陣にとどいた時、宗麟はバテレンたちと祈禱にふけっていたというが、さすがに島津軍の追撃を恐れ、命からがら本国へ逃げ帰った。

次の「五条家文書」は、この戦役に大友方として従軍した筑後の五条鎮定家中の戦死傷者着到であるが、戦死者十三人、戦傷者十一人を出し、敵から分捕ったのはわずか四人であることからみても、大友全体の損害の比率の大きさがわかり、敗戦の実相をまざまざと伝えている。

「五条家文書」

天正六年十一月十二日於二日州高城麓一五条鎮定人数、或被レ疵或戦死着到、令二披見一畢

戦　死　衆

清原左馬大夫
南　弥七郎
新原民部丞
竹山右馬助
梅野蔵人佐
中野与次郎
篠俣弥右衛門尉
用木次郎右衛門尉
木工　右衛門尉
此外僕従夫丸間
十三人

被疵著
殊祥寺宗虎
北民部少輔
内田掃部助
月足弾正左衛門尉
井千四郎右衛門尉
市　佐
僕　従

十一人

分捕衆

頸一　調所大炊助　鎮定討捕之

頸一　名字不知　西左近大夫討之

頸一　同　新原源介討之

頸一　同　賢守討之

以上

蒲池宗雪の最期

柳川の蒲池宗雪（鑑盛）もまた、敗軍の中で一族郎党とともに潔く自害して果てた。

「蒲池物語」に、「蒲池宗雪モ催促ヲ待タズ出陣ノ用意アリ、此来筑後二十余人ノ旗頭ニテ義ヲ守ル勇士ナルモ其身老体ニテコノコロ病苦アリケレハ遠陣叶ヒ難シトテ嫡子蒲池八代左衛門尉鎮漣ヲ大将トシ、池末・成清・山口・富安・矢加部・大木・田尻・中山・本郷・原・九野・大谷・小溝・阿部・内田・西川・今村・岩井・鳥巣・松浦・古賀・池上・中村ヲ始一族郎従七百余人相添テゾ指向ケル」とあり、病苦のため嫡子鎮漣を代りに出陣させたと記しているが、『筑後国史（筑後将士軍談）』や『北肥戦誌（九州治乱記）』などは宗雪自ら出陣しての壮烈な最期を伝えている。

『北肥戦誌（九州治乱記）』には、「筑後の諸将は十月二日に打立って廿四日に日州《日向》へ著陣す。此時簗河《柳川》の蒲池武蔵入道宗雪、同嫡子民部大輔鎮並（竝・漣・波とも書く）手勢三千にて打出でしが、子息鎮並は落馬して気色悪しとて半途より引返す。父の宗雪涙を流して申しけるには、如何に鎮並年来大友の重恩をうけ、斯かる先途を見届けず、其上六十に余る親の戦場へ赴くを見捨てて、已れ一人家に帰るといふ法やある。必ず汝、天の罰を蒙るべしとぞ恨みける」と、記されているが、大友一途の父宗雪に対して、子の鎮並は反大友の立場をとり、互いに意見の対立があったとみられる。

なお宗雪最期の模様は、「自ラ白髪ニ兜ヲ戴キ、先陣ニ進ミケルガ手勢八百余人ヲ引分テ河水ヲ一文字ニ打渡シ、敵ノ真中へ切ッテ入、二町計ヲ切立追崩シ、猶モ進ンデ戦シガ、其ノ日ハ恙《つつが》モナカリケリ、次ノ日又一番ニ進ミ、味方敗北スレドモ一足モ退カズ義久ヲ目ニ掛テ、合戦数刻ヲ移シテ見レバ、手勢ワズカニ討ナサレ吉弘以下ノ諸将モ、大方討レヌト見エシカバ、在家ノ一村有ケルニ走リ入テ、腹掻破テ失テンケリ、相従フ者ハ八十餘人一度ニ自害シテ伏シタルハ楠正成ガ湊川ノ最後ノ様モ是ニハ過ジト思ハレタリ」（『筑後国史（筑後将士軍談）』）とあり、最後まで大友のために尽くしての生涯であった。ときに五十九歳（「蒲池物語」）であった。菩提寺崇久寺の霊牌には「松梅院殿長國覚久居士神儀」と記されている。蒲池、五条・星野のほか、筑後から出陣した主な国人に、田尻・三池・酒見らの名が「大友家文書録」などに記されている。なお、黒木・上妻氏らの行動については、はっきりしないが、当然従軍したことが推測される。遠く異境の地に死んでいった筑後武士たちや、その家族の心情を思えば悲愁が胸をつく。ちなみに大川市酒見の風浪《ふうろう》宮は永禄三（一五六〇）年、蒲池宗雪が再建したものといわれる。現在重要文化財に指定されている。

蒲池宗雪（鑑盛）の位牌（崇久寺・柳川市）

カンカン原に吹く風

筆者は先年、耳川古戦場跡を取材した。大友本陣のあった宗麟原、俗にカンカン原と呼ばれる台地一帯は、大正の中頃入植者によって開拓されたが、現在一面茶畑となっている。高城から都農《つの》に通ずる県道を宗麟原入り口と書かれた標識から右に折れ、農道を約一キロ程行くと広い台地がひろがる。かつて草木が繁茂していた丘陵であったろうが、この数十町にも及ぶ南北に長い丘上に大友諸軍が布陣したのである。

茶畑の中を約百メートルほど行くと、奥まった一部に森が見えてくる。島津軍が慰霊した宗麟原供養塔があり、地元ライオンズクラブ寄贈の手洗が設けられている。背部は塚で、供養塔の中には経文と太刀を入れたといわれる。台上の下方を切原川が流れているが、切原は切腹と書かれていた。ここで多くの武士が切腹したことから当てられたものであろう。河原の向こうにビニールハウスの畠がひろがり、その後方に高城のこんもりした山が見える。このカンカン原より高城山頂の方が高い。距離はおよそ五、六百メートルぐらいであろう。

城北にあたる大友本陣を挟んで、北に田北鎮周の陣があり、南の松尾山と呼ぶ堡塁には佐伯宗天の陣があった。この付近には当時掘った土砂の堆積が残っていて、大きく凸部をなし当時の陣地構築をしのばせる。この間に斉藤、吉弘などの陣があり、本陣後方に総指揮官田原紹忍と臼杵統景の陣があった。筑後勢は斉藤陣と相備で、最前列に布陣していたのであろう。『陰徳太平記』によると筑後勢として、蒲池と共に星野の名が記されている。

このあたりは田間、川原、松原の陣名が残っている。高城を中心にY字型に両川が合流する地点が

〝切原〟である。また切原から高城寄りの〝下鶴〟には、この合戦で討死した島津の将北郷蔵人《ほんごうくらんど》の墓がある。

筆者は、このカンカン原台地上にある湯迫地区で、製茶業を営む梯《かけはし》孝一氏にいろいろ話を聞きながら、大友本陣跡の遺構（三カ所あり約千坪ぐらい）と無縁墓を案内してもらった。同氏の家の横の雑草が生い茂る開墾地を分け入り、鬱蒼たる樹林と雑草の間を人ひとりがやっと通れる小石混じりの山道を降る。薄暗い竹藪の中に入りこむと、そこは無縁墓を象徴する大小の石がごろごろしていて、落ち葉の下に頭部を出した丸い石や、今にも倒れそうな苔むした石塔があった。あるいは筑後の兵や筑前の者たちはここに眠っているのかもしれない。あらためて戦の悲惨さに胸もふさがる思いだった。谷間を吹きぬける風は、四百余年前の喚《おめ》きにも似て、深く静かに佇む者の心をゆすぶった。小丸川の水はその日もとうとうと流れ、見晴るかすかなたに尾鈴の峰が薄淡く浮かんで見えるようだった。

耳川戦の主戦場はやはり、この高城であったと考えられるが、大友軍は北の耳川までの敗走中さらに島津軍の追撃を受けて、壊滅的打撃を受けた。世にこれを耳川の戦という。

自分一個の理想実現のため、老臣らが止めるのも聞かず、無謀な戦をして多くの人命と国費を失い、しかもその償いもしな

宗麟原供養塔（宮崎県児湯郡川南町）

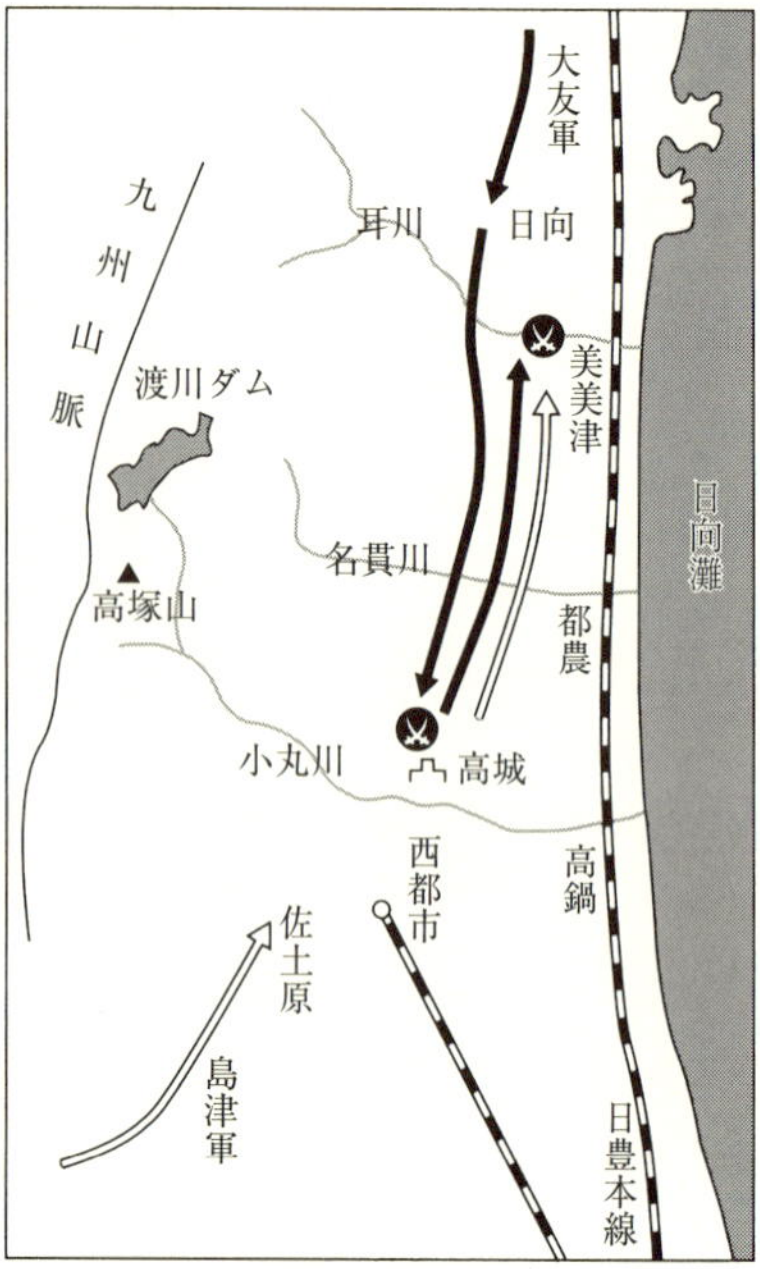

耳川合戦進撃敗走予想図

かった宗麟に対して、戦死者の無念の思いと遺族の憤りと悲しみの声が伝わってくるようだ。この戦は島津の鉄の団結に対して、戦略家でない田原紹忍が宗麟におもねって全軍の総指揮を委されるという戦略の常道からはずれた軽率な配置であった。統率力のない紹忍では、各部将たちが各個バラバラの戦をしたのも当然であった。そして、キリスト教信仰のため一部の将兵たちが神仏を破壊したりして、開戦前から将兵の心を畏縮させるなど、総大将たる宗麟の戦に対する心構えができていなかったといえよう。

この合戦での戦死者は三千五百（『校訂筑後国史』）、四千（『校正鹿児島外史』）と記され、負傷者を入れると七、八千人になるほどの大損害を受け、「豊後後家」と言われる多くの戦争未亡人をつくった。

耳川の戦後、九州の歴史が大きく変わり、筑後の歴史もまた変わったといえよう。

龍造寺隆信の筑後経略

筑後・肥後北部を平定

耳川敗戦後、大友家の勢威は衰え、かわって急速に勢力をつけてきたのが肥前の龍造寺隆信である。筑前の秋月種実などは、早くから隆信に加担して、立花道雪や高橋紹運らと対抗していた。

隆信はこれより先、隠居後の居城にする目的で杵島郡の須古（現・杵島郡白石町）に築城していたが、天正四（一五七六）年の春頃には一応完成していたらしく、ここを本拠として翌年、肥前西部に攻め入って有馬氏の属城を押さえ、伊万里・山代・大村・西郷らの諸氏を次々に降していった。さらに西肥の雄、有馬《ありま》鎮貴《しげたか》を攻めたが、一時戦をやめて佐賀へ帰り、翌天正六年再び島原半島に渡り有馬を攻めたので、鎮貴はついに隆信の軍門に降った。

天正六年、大友軍が耳川で大敗する頃にはほとんど隆信は肥前国内を平定していた。そして筑後の旗頭蒲池鎮並がすでに隆信に協力していた。隆信は大友敗戦後、二万余の軍勢をもって筑後に出兵し三潴郡酒見村（現・大川市酒見）に陣をしいた。隆信の陣に参陣するものは蒲池をはじめとして、三井郡の豊饒《ぶにょう》中務大輔・山本郡草野（現・久留米市草野町）の草野鑑員《あきかず》・三潴郡下田（現・久留米市城島町）

の堤貞元・三潴郡西牟田（現・大牟田市西牟田）の西牟田鎮豊などのほか、安武・酒見・城島の者たちが従った。

だが筑後には、まだ大友恩顧の城主が多く、上妻郡の辺春《へばる》入道紹真、山崎城（八女市立花町山崎）の上妻越前守、三池郡の三池上総介鎮実、山下城（別名・人見城、立花町北山）主蒲池志摩守鑑広らは龍造寺に従わず、それぞれの居城に籠ったので、隆信はまず辺春城（立花町辺春）を攻めるため龍造寺信家、同信門、姉川信安、副島光家、鹿江《かのえ》信明《のぶあき》らをこの方面に向かわせた。ところが、上妻郡の犬尾城（八女市山内）主河崎鎮堯《しげたか》（川崎重高とも記される）が、多くの軍兵をもって辺春を救援したので、龍造寺軍はこれを落とすことができず退却した。

辺春城は肥後北部への通路に当たり、谷が深く前に川を挟んで急峻な山上にあった。十一月もすでに下旬で、谷を吹きぬける寒風は厳しく、将兵の肌を刺した。隆信は、ここで時を過ごすより、ひとまず矛先《ほこさき》を変えて筑前侵攻を企図して、十二月朔日《ついたち》、酒見の陣を引き払って直ちに筑前へ発向した。

筑前には大友五城（立花・宝満・荒平・鷲ケ岳・柑子ケ岳）があり、立花道雪・高橋紹運・小田部紹叱《しょうしつ》・大津留宗雲・臼杵鎮次の諸将が守備していた。一方、秋月種実・筑紫広門・原田種秀らの反大友グループはこれに対抗、龍造寺に一味して隆信の筑前入りに協力している。大友の筑前五城はいずれも要害であり堅城だったから、隆信も案内者の進言を聞き入れ、かるがるしく攻めることをやめ、情況視察だけにとどめて佐賀へ帰城した。

『北肥戦誌（九州治乱記）』によれば、このとき養父郡の筑紫広門は十一歳の弟晴門を鍋島直茂の養子にと願ったので、直茂はこれを承知して佐賀へ連れ帰ったとしている。

筑前で大友に徹底的に反抗したのは秋月であるが、父を殺された遺恨は種実兄弟の胸中に深く刻みこまれていた。この年種実は、大友宗麟の「暴悪十箇条」を並べて筑前国内はもとより、近国へ触れ回し反大友の諸将はこれに連判したという。秋月は大蔵氏であり、筑後の田尻、江上、高橋、三原などと同族であるが、その内、江上、高橋は肥前、筑前へ移住し、田尻は龍造寺に属し、三原は大友方であった。このように筑後の大蔵勢力も分断され、同族として連携が取れなくなった。

筑後国は大友支配が長かったので、耳川役までは十五城のうち親大友派が多かった。この中で秋月同様、大友に執拗に反抗したのは調一族の星野氏であった。その反骨精神は大蔵一族と通じるものがあり、調《しらべ》一党を大蔵の系譜に入れているものもある。星野の方も通字に「胤（種）」を使っていることや、家紋の亀甲紋など大蔵氏とのつながりを思わせる。

天正七年三月、隆信は二万三千の大軍を率いて再び筑後に出陣した。まだ降礼をとらない山下城の蒲

龍造寺隆信画像（法衣姿）
（佐賀県立博物館所蔵）

池鑑広や三池山城の三池鎮実、犬尾城の河崎鎮堯《しげたか》らを討つためである。

この時期、高良山は隆信によって麟圭《りんけい》が座主職に安堵され、その傘下にはいったと思われるが、一方、大友義統は高良山社家の鏡山大祝《おおほうり》保真《やすまさ》に対して、次のような書状を出している。

「高良山文書」

今度龍造寺山城守現形之刻、其国上下之者、隆信令㆓同意㆒、悪逆之企不㆑及㆓是非㆒候、然者保真事、順路之覚悟、深重之由、感悦候、必其堺取鎮、一稜可㆑賀㆑之候

恐々謹言

（天正七年）二月十八日　義統（花押）

高良山鏡山大祝殿

この文書には、耳川敗戦以後の筑後の形勢が示されているが、龍造寺隆信に同意するものの多い中に高良山社職、鏡山大祝保真が節義をもって大友に対し順忠の覚悟あるを感賞したものであろう。

耳川敗戦後、宗麟は嫡子の義統に家督を譲り、義統は天正七年正月、二十二歳で大友家二十二代を継ぐ。義統は凡庸で決断に乏しく、その言動も家臣の不信を買うことが多かった。要するに無能で統率力がなく、そして吃音であった。

かれは耳川の敗戦直後、父宗麟が今度の敗戦はキリスト教には関係がないと主張すると、それにならってキリスト教を弁護し、自分も洗礼を受けると言った。ところが、耳川の戦いで生死不明を伝えられていた田原紹忍がひょっこり帰還して、もとの地位に復帰しキリシタン弾圧を始めると、これに賛成

する多くの家臣らといっしょになって弾圧側についた。このようにくるくる変わる義統の態度に宗麟も失望して隠居してしまう。だが、まもなく重臣たちの願いで、無能な義統にかわって宗麟が再び国政をとるようになる。

隆信の第二次筑後出兵に先だち、大友方であった山門郡鷹尾城（柳川市大和町鷹ノ尾）主田尻鑑種が伯父田尻宗達や甥の蒲池鎮並の斡旋で龍造寺の陣営に来て神文（起請文）を取り交わし、隆信の配下になった。蒲池鎮並は父鑑盛が耳川出陣のときから、龍造寺に一味していたから、耳川出陣も父の手前、形ばかりのもので、落馬を口実に途中からさっさと引き返してしまっている。そのため諸人から「鎮並は老父を戦場に遺し居眠す」と悪口を言われたものである。

下蒲池、田尻と筑後の大身二家が佐賀の味方となったため、隆信は大いに喜んで、両者に案内させて山門郡に兵を進め、瀬高荘を通って竹井村（現・みやま市高田町竹飯《たけい》）に着陣、これより三池鎮実を討つため、三月廿日その居城三池山城（大牟田市今山）へと向かった。

鎮実と田尻鑑種は義兄弟の間柄であった。当時の筑後諸氏たちの政略結婚は筑後国内の家系のどこかで必ず結びついていた。筑後のみならず隣国肥後筒ヶ嶽城（荒尾市府本）の小代親傳《しょうだいちかただ》は鎮実の舅であり、政略の輪は他国にもひろがっていた。

鑑種は三池鎮実に人質を出すように調停したが、これを拒んだので隆信は直ちに討伐を命じ、周辺の青麦をことごとく薙《な》ぎ払わせた（『北肥戦誌（九州治乱記）』）。

こうしていよいよ三池攻めが始まり、先陣田尻鑑種・二陣蒲池鎮並・三陣鍋島直茂・四陣神代《くましろ》弾正忠・千布《ちぶ》家利《いえとし》・五陣横岳頼続《よこたけよりつぐ》、そのほか筑紫広門《ちくしひろかど》・安武家教・豊饒鎮連・堤貞元以下三潴・山門・養父・佐賀・神埼などの軍勢はいっせいに山城めざして進んだ。

三池の城兵は城戸を守ってよく戦ったが、田尻、蒲池の一、二陣に堤貞元の兵が加わって、これを破った。鍋島直茂は、神代勢とともに城内に攻め入ろうとしたが、二の木戸を守る城兵が激しく抵抗したため、鍋島勢から多くの戦死者が出た。このとき、直茂の家士、武藤貞清が櫓《やぐら》に火矢を放って建物の一部を炎上させたりしたが、城中はなお士気衰えず、早朝から酉《とり》の刻に及ぶ十時間以上にわたる戦闘がつづいたが、夕刻になって大雨になり、寄せ手は一時陣を払って後退した。この夜、城主三池鎮実以下城兵たちは風雨にまぎれて出奔したので、城は龍造寺軍によって占拠された。

三池山城を落とした龍造寺の将鍋島直茂は、二千の兵を率いて三池より隣境北肥後の野原荘（熊本県荒尾市）に攻め入り、一帯を焼き払い、小代親傳《しょうだいちかただ》の一族小代越前守、荒尾摂津守らが籠る小岱山中の梅尾城（熊本市府本）を焼き落とし、本城筒ヶ嶽城へと攻め登り、城兵百余人を討ち取ったので、親傳は父宗全とともについに降伏した。

小代氏はもと武蔵児玉党で関東下り衆として鎌倉以来の名家である。所領八百三十町（約一万五千石）を領し、内八十町は筑後の三池郡にあった。小岱山（五〇一メートル）は現在県立公園になっているが、山麓には小岱焼で知られる窯元があり、山頂までは一時間足らずで登れる。

小代と共に、このとき三瀦郡八の院の鐘ケ江家続も神文を呈して、隆信に降服した。龍造寺の兵威は筑後に浸透しつつあったが、いまだ上筑後の山下城主蒲池鑑広は降伏していない。この鑑広は柳川蒲池の分家で「上蒲池家」と称し、知行六百余町を有する筑後の大身であり、耳川で戦死した蒲池宗雪とはいとこの間柄である。

鑑広は宗雪同様、大友への忠貞を守り隆信へ従おうとはしなかった。そこで隆信は同年四月八日、肥・筑両国二万の軍勢をもって攻めさせた。鑑広の居城山下城は福島の南一里（約四キロ）、矢部川の西岸で北山村（現・八女市立花町）にあり、南に下ると白木、和仁《わに》へ通じる。鳶《とび》（飛）形《かた》山（四五〇メートル）を背に、支流白木川が城辺をめぐり、現在は山上付近の土砂が採掘され山容が変わっている。山麓の納骨塔には工事中に出た人骨を納めているという。

鑑広はかねてから龍造寺の来攻近しとみて、城を修理し砦《とりで》を築き、大木・矢加部・今村・檀・杉・斉藤・都地・吉岡・中村・隈・一条・木室・末吉・堤・高三潴らの一族郎党五百余人と立て籠り、対岸の谷川、矢原、菖蒲尾《しょうぶのお》（現・八女市立花町）など上妻郡の所々の要害に兵を配し、城下を流れる矢部川を前に乱杭《らんくい》、逆茂木《さかもぎ》などを並べ、鉄砲百挺余りを備えた。

鑑広は、その頃大友軍の一部が妙見山城の星野親忠を攻めるため近くの生葉郡に在陣していたから、これに援助をたのんで城兵の戦意を昂揚させ敵の来襲を待ち受けていた。一方、隆信は田尻鑑種を先方に立てて誘導させ城近い甑手《こしきで》に夜営して翌九日城攻めにかかった。

降将を先陣に立てるのは、勝者の常套手段である。田尻鑑種や蒲池鎮並は筑後国内の有力領主であり諸家の事情に通じていたから、肥前勢の先陣に立たされて働き、同じ国内の者を弾圧懐柔する任務を負わされた。

鑑種は佐賀勢の先手として菖蒲尾の要害を攻めたが、蒲池鑑広の将兵はよく防いで戦ったので、龍造寺軍も一時危かった。しかし、田尻の兵や佐賀勢の副島式部少輔・北島河内守らが奮戦したので形勢逆転、翌十日には龍造寺軍は山下城下に進入、付近一帯を焼き払って、西北約十キロ（約二・六里）の下妻郡水田《みずた》（現・筑後市水田）に陣をとった。

次の「上妻文書」は、龍造寺隆信の軍勢が「前八（前月の八日＝四月八日）」大友方の蒲池勘解由《かげゆ》（鑑広）の城を攻めたとき、同じ大友配下の上妻越前守（鎮政）は足城（砦）を築いて防戦、敵を撃退して勝利を得たが、一族や被官（家来）にも戦死傷者が出て、小勢のため持ち支えられなくなったという彼の報告をうけて大友義統がその軍忠を賞した書状である。年記は無いが天正七年頃のものと推定され、卯月（四月）十七日付になっている。

（読み下し文）

前々、龍造寺山城守《（隆信）》、其のほか悪党と申す組、蒲池勘解由使《かげゆし》（鑑広）の要害に至り、取り懸《かけ》候の処《ところ》、其方《そのほう》事、足城取《とりこしらえ》誘数度の防戦、勝利を得候といえども、無勢に依て持ち支えざる之由、注意到来候、殊に親類被官、或は分捕《ぶんどり》高名疵を被り、或は戦死忠貞粉骨之次第感じ入り候、必ず判形を以て其志《そのこころざし》を顕《あらわす》べく候、恐々謹言

卯月十七日　　　　　　　　　　　義統（花押）

上妻越前守《（鎮政）》殿

水田は天満宮の鎮座するところ、太宰府安楽寺天満宮の小鳥居氏に対して、大鳥居家が経営に当たった。その所領は水田荘を中心に、下妻・青木・飯江《はえ》・得江《たけい》と六百数十町に及んだといわれ、筑後天満宮宗社として水田天満宮の祭事を執当し社家領主として格式があったが、戦乱の中にあって武将として社家を率いて出陣したのである。この社殿もまた大宰府にならって壮大なものであったといわれる。

宗像、阿蘇、宇佐、高良山の大宮司などは、戦国武将としてこの頃活躍するが、大鳥居家もまた『北肥戦誌（九州治乱記）』などに、豊饒、豊持氏らと共に筑後衆の中にその名が見え、大宮司兼領主として軍備があったとみられる。しかしそれ程戦陣で活躍した記録がないのは、武将としてよりも、むしろ

司祭者の伝統を守り、王朝以来の菅原氏一族の自覚と貴族意識が武士化への傾向を弱めたのではなかろうか。

　この系統から出た大鳥居信岩は、のち筑後の領主立花宗茂や田中吉政とも親交があり、太宰府天満宮別当職として長期間にわたって寺社を統宰した。水田天満宮の大鳥居氏もこのとき龍造寺隆信へ接近して所領安堵をはかったとみられる。事実、山門郡瀬高荘鷹尾の高良別宮大宮司紀親祐《きのちかすけ》などは、隆信に神文を呈して配下になっているし、この年六月には高良山の祝部安宜《ほおりやすのぶ》や座主良寛・麟圭兄弟も隆信のもとに参陣して幕下となった。筑後の有力寺社家はほとんどこの時期、龍造寺側に従属している。

　一方、上蒲池の蒲池鑑広が守る山下城はいぜん籠城がつづいていた。この間、五月に隆信は玉名郡を中心に北肥後一円に兵を差し向け、田中城（玉名郡和水町）主和仁《わに》大膳助を降し、田尻鑑種の一族同名鎮貞に城を預けた。それよりさらに山鹿方面まで出動して、木山城（上益城郡益城町）主永野紀伊守を攻略し、御船城（上益城郡御船町）主甲斐宗運父子をはじめ、周辺の諸城を次々に降して猛威を振るい、たちまち肥後北部を制圧した。

　七月に入り、隆信はまだ降伏しない犬尾城主河崎出羽守鎮堯を攻めさせた。犬尾城については、川崎城、生駒野城の別名があるが『筑後国史　筑後将士軍談』には、犬尾城の東に茶臼山があり、この東山腹に「城跡山ト云アリ、両所共ニ川崎支城ノ跡ナリ」とし、その東に「生駒野名アリ、生駒山アリ、北河内村地下ノ内也、此山ハ砦ノ跡ト見ユ」としていて、犬尾城とは別の砦ともとれる書き方をしている。あるいは、犬尾城を構成する砦の一つかもしれない。

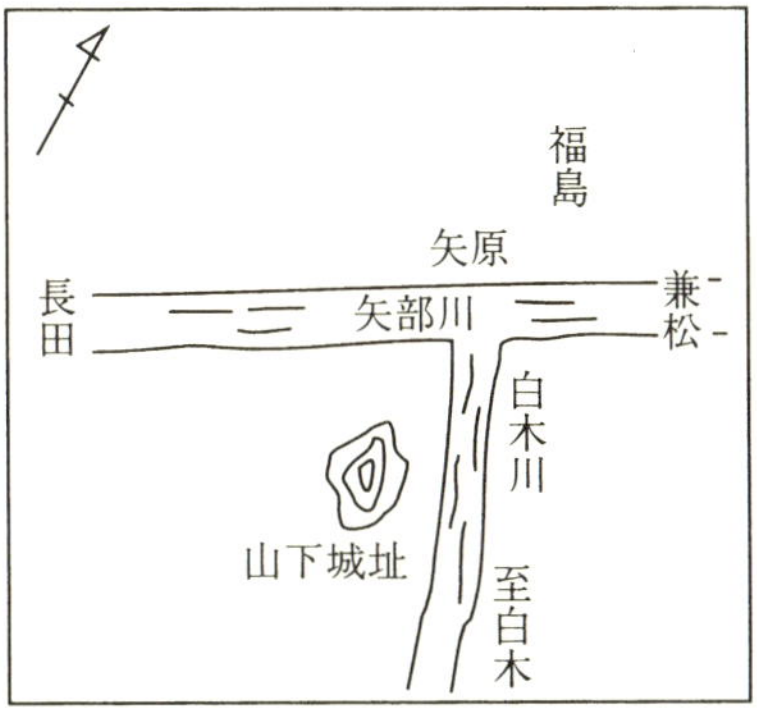

山下城趾付近略図

河崎・星野・黒木は調姓《しらべ》で同族である。しかし龍造寺に対して必ずしも同族的歩調をとってはいない。この当時は、個人よりも家に重きをおいたから、家名存続のためには権謀術数が行われたことは当然で、同族といっても自分の家が断絶しないように互いに腹の探り合いをして、時には敵味方となって戦っている。

河崎攻めの先陣は柳川の蒲池鎮並で、田尻・西牟田・安武・城島などの下筑後衆がこれに当たった。このとき龍造寺の将、成富信安は河崎の将、中園備前守を討ち取った。城主河崎鎮堯は必死の抵抗をしたが、各城戸を破った龍造寺軍は怒濤のように突入して猛攻を加えたので、河崎の一族や名のある者二十余人が討たれ城兵の多くが戦死し、大将河崎鎮堯はじめ残兵は城を脱出して、いずこともなく落ちていった。

八月上旬には、上妻郡黒木（現・八女市黒木町）の猫尾城主黒木実久（家永）も嫡子四郎を人質として水田の隆信の陣にやってきて降伏した。

この頃、隆信は使者をやって肥後八代の赤星統家《むねいえ》を味方に引き入れることに成功、統家は十一歳の男子新六を質として隆信に差し出し「この子を深くお願いする」と言って、使者に太刀一振りを与えたという。

隆信の筑後国内の平定が進むにつれ、山下城は孤立状態となり、食糧も尽きてきた。城兵は山麓の松延付近に出てきて稲を刈ったが、隆信は田尻鑑種に命じてこれを討ち取らせてしまった（『歴代鎮西要略』）。

九月一日、城兵は矢原口に討って出た。この付近は白木・矢部の両川が合流する地点で、川幅も広くなる。龍造寺軍は納富・横岳の一隊がこれと接戦、両軍とも多くの死傷者が出た。そこへ、鍋島直茂の一軍が加勢して城兵を攻め立てたので、城兵らはこらえきれず城内へ逃げこんだ。

翌二日、隆信は水田から津留田へ陣を移動し、鍋島直茂は三溝（上妻郡）に、田尻鑑種は山下西方約五キロの長田（みやま市瀬高町）に、蒲池鎮並は隆信本陣近くの津留田へとそれぞれ陣替えした。つづいて三日には、またも城兵は三溝の鍋島陣に突入して激しい戦闘となり、そのため直茂の従弟鍋島為俊は討死した。直茂は自ら槍を取って敵を薙ぎ払い、縦横無尽の働きをして城兵を退けた。

籠城すでに数カ月、城中の士気なお旺盛であった。城主蒲池志摩守鑑広は、生葉郡で星野、草野、秋月らの諸勢と戦っている大友軍の健在を気強く思って、なお山下城を守り善戦していた。ところが、十一月の初め豊後軍は本国へ帰陣してしまった。おそらく耳川敗戦後の国人たちの離反で、国内情勢に変化が起きつつあったからであろう。それと、山下城中でも籠城がすでに極限状態に達し、兵糧の欠乏、病人発生などによる戦力低下で、抗戦不可能な状態にあった。

豊後軍の撤退後、鑑広は秋月種実の仲介で降伏を申し入れ、同月二日、隆信の陣へ来て降礼をとった。このとき弟鎮行を人質とし、起請文をもってその配下になることを誓った。隆信は山下城の囲みを解くと、同月二十八日高良山に陣を移し、ここで秋月種実、筑紫広門などと会談している（『北肥戦誌（九州治乱記）』）。

その後、肥後北部の辺春親運《へばるちかゆき》も降伏したので、隆信はここに筑後十郡及び肥後半国を完全に掌握することになり、一族の龍造寺家晴、同信時を肥後の高瀬に、土肥家実を小岱山の城に配して肥後北部を守らせ、また鍋島直茂を三瀦郡酒見城（大川市酒見）に置いて筑後の守りとし、十二月三日高良山の陣を引き払って佐賀へ帰城した。

ところで「蒲池物語」によると、蒲池鑑広はこの年に死去したとある。病死か、事故死か不明であるが、長期間の籠城とかかわりがあったものと考えられる。肥前勢を相手に善戦して降伏しなかったかれは、あらゆる戦略で対戦し、この小城を守ったのであるが、落城と同時に燃え尽きて、その生涯を終えたのであろうか。今、山下山麓の民家の庭に、ひっそりと鑑広の墓碑が立っている。

鑑広死亡時の年齢は、五十を過ぎていたと推定される。なお八女郡広川町にある西念寺もまた蒲池家のゆかりの寺で、蒲池氏由緒を記した「西念寺縁起」が伝わっている。

これで隆信の二年に及ぶ筑後平定は一応終わるのであるが、この平定中数度の功があった田尻鑑種の軍忠に対して、隆信は三池氏の旧領に新たに三池郡豊永二十五町、同郡江ノ浦上下六十六町を加増して与えている（「田尻文書」）。

また、十二月五日嫡子鎮賢（久家・政家）と連署して鑑種に破格ともいうべき起請文を送って、信頼の深さを表明している。その文意は、筑後国衆が鑑種に対していかなる疑心を起こすことがあっても龍造寺家は鑑種を見捨てることはしない。また今後とも軍忠を励めば領地を加増すること、鑑種一身上に世間でどんな風説があっても、それを信用せず一応鑑種に真否をただすべきことを誓ったものである。

鎮並籠城三百日

蒲池氏は大友氏への従属期間が長かった。ことに鎮並の父鑑盛は、老病の身で遠く日向の高城まで出陣して戦死したが、子の鎮並はその頃龍造寺に通じていたので、父に従わず鑑盛戦死のとき世間から非難された。しかし、大友敗戦は負けるべくして負けた無謀な戦であったし、かれは父を犬死にさせたくないため、死の日向行きを諫めたと思われる。大友への義に生きようとした父鑑盛と、一家断絶を避けるためにもこれに加担しなかった子の鎮並、それだけに父の敗死を人知れず痛恨したことであろう。鎮並は龍造寺隆信の乱世に生きる荒々しい逞しさと、新しいエネルギーが筑後国内に起こりつつあることを感じていたのであろう。

だが、父に反対してまで龍造寺側についた鎮並であったが、やがて隆信から離れ自立しようとする。離れるということは背くことで、権力者にとっては謀叛になる。謀叛人は討たねばならない。明解な答えと行動が結びついて、戦国の厳しい処断が下る。かくて隆信による蒲池鎮並誅殺ということになるのだが、鎮並謀殺は天正九年説（『陰徳太平記』『北肥戦誌（九州治乱記）』「西国盛衰記」『肥陽軍記』）が多いが、『北肥戦誌（九州治乱記）』は鎮並が天正八年すでに隆信から離反して、柳川城で反旗を翻したことを記している。

謀叛の原因として、前年肥前勢が辺春親運を攻囲した時、鎮並も軍中にあったが陣中を抜け出てときどき柳川へ通っていたことがわかり、忠誠を欠く者として佐賀方の印象を悪くした。鎮並にしてみれば反逆者として扱われたことになり、心中面白くない。柳川に通ったのも、留守中、国政に関する問題が起こり、どうしてもその処理についてかれが行かねばならぬ事情があったといわれるが、何分敵城を攻囲中であったので、戦場離脱とみられたのである。

文武にすぐれた鎮並にとって、卑怯呼ばわりや逆意の者として噂されることは耐えられなかった。二年前、龍造寺側に随身して以来、かれは隆信のため叔父田尻鑑種（鎮並の母の弟、一説には伯父）とともに筑後国内の案内役としてたびたびの合戦に戦功を立て、その忠節は自他ともに認めるところであった。それだけに陣中や佐賀の話題になっているのは、〝鎮並に異心あり〟と非難しているようで、鎮並にとってはそのことが逆に隆信への不信の念を駆り立てたと思われる。また、同族山下城の蒲池鑑広とはかねて不和であったのに、今度隆信と和平して同列の味方になったことに対して、彼は心中面白くなかったという。だが、このほかにも鎮並は、隆信が仁愛の心を欠いた残忍な武将であり、そんなかれに臣従することに耐えられなかったからであろう。

　叔父の田尻鑑種は、かねてから甥である鎮並の心底を疑ってそれとなく注意していたが、その叛心が濃厚となったので、勝屋宗機（勝一軒ヵ）という、もと周防の浪人を使って隆信へそっと知らせた。隆信は義弟鍋島直茂とともに、蒲池誅伐の方針を固め、天正七年十二月初めから九日までの間、田尻鑑種を呼んでひそかにその方法が相談された。叔父が肉親の甥を売る。これも乱世を生き抜く保身からであった。

　十二月九日の話し合いで、隆信は田尻鑑種へ筑後国内で千町、そのほか鑑種が望んでいた津留村・浜田村百三十町を約束し、嫡子鎮賢との連判による神文を与えた。天正八年正月を迎えて、なお隆信は柳川攻めについて密談している。

　この年二月十日、蒲池鎮並が居城柳川城にたてこもったことが、鑑種より勝屋宗機をもって隆信に通報され、酒見に在城の鍋島直茂からも知らせが入った。隆信は須古城（杵島郡白石町）にいたが、この報を聞くと直ちに嫡子鎮賢を大将として一万三千の軍勢をもって筑後へ進撃させた。先陣は内田兼能で、鍋島直茂は酒見より三潴郡衆を率いて出陣し、田尻鑑種は三池・山門の一門郎党を従えて参陣し、山下の蒲池鑑広、西牟田の西牟田鎮豊、肥前からは龍造寺家晴、安住家能、横岳家実、同頼続、神代弾正忠など、各軍の旌旗が柳川の周辺をうずめ、二月十三日に城は包囲された。その後も各地から軍兵が集結して二万余の軍勢となった。

　一方、鎮並はかねてから佐賀勢の来攻に備えて、搦め手の水辺に乱杭《らんぐい》、逆茂木《さかもぎ》を打ち、兵船を浮かべ、追手には大木戸を構えて防御盾をめぐらし、防戦態勢をとった。

さすがに九州の堅城といわれた柳川城は、城兵の勇戦で肥前勢の攻撃に耐え、容易に陥ちなかった。もっとも筑後衆の中には、蒲池に同情する者たちもいて、佐賀の手前攻めるふりをしているだけで、真から城を落とそうとはしなかったのであろう。蒲池は筑後一円に多くの知己係累を持つ家であったから、やむなく城攻めに参加させられた国人たちは、隆信への畏怖を背に眼前には鎮並への同情と、複雑な心情でのぞんだにちがいない。

柳川の梅雨期はクリークの水が溢れ、城外を水浸しにして攻城軍をなやませた。だが、籠城三百日に及んで、さすがに城中にも疲労の色がみえてきた。このとき、田尻鑑種は肉親の情を利用して鎮並をくどき、和議を結ばせることになり、鎮並は十二月二十八日、大将龍造寺鎮賢の陣に来て降礼をとったので、肥前勢は囲みを解いて去った。

『歴代鎮西志』には、鎮並の弟統春が十二月八日酒見の館におもむき鍋島直茂と会い合意に達したので初めて軍を撤退したとある。また、肥前方より横目（監察）として田原伊勢守を付け置くことになった。『北肥戦誌（九州治乱記）』によれば、隆信はこのとき娘を鎮並に嫁する約束をしたとあるが、一説には龍造寺家兼亡命のときに約束したとあり、いずれの時期が正しいのか、また隆信娘とは誰なのか、あるいは養女なのか、不明である。

ところで、この時期（天正八、九年）に書かれたと思われる隆信自筆の遺言状がある。三男後藤家信にあてたもので、次のような文面である。

我等死去之時、家内その外此の比《ごろ》のやうに覚悟有る可く候、尤も其の方存命之間、何扁鎮賢存意の外、意分これ有る可からざる候之事又申し候、鍋島飛騨守（直茂）事、卒度《そつと》は我等存分のやうに候の間、我等死去の後、かの者え相談候て然る可く候、菟角《とかく》鎮賢え違《たが》ふる儀候はば、草のかげより守るべからず候、正路の覚悟専一に候

四月二十日　　　　隆信（花押）

家信まいる申し給へ

この文面を読むと、常日頃から隆信の死に対しての心構えがわかる。とくに本文初めの自分が死んでも家内や家臣たちまで、日頃元気なときと変わらない覚悟を持ちつづけることが大事である。つまり主人がいつ死んだとしても、決してあわてることなくふだんと何ら変わったことはない——と諭しているのである。また、われらが死後のことは信生（直茂）に相談せよとも言っている。この隆信の遺書は、よほど死への悟りと自信がないと書けぬ文句である。隆信は仁愛に欠けた面はあったがやはり稀有の武将といえよう。

謀殺された鎮並

天正八年冬、蒲池鎮並は叔父田尻鑑種の斡旋でいったん隆信に降伏したが、翌九年ひそかに島津氏によしみを通じて、再び佐賀に対して敵意を持つにいたった。次の文書（『北肥戦誌（九州治乱記）』）は、島津の将伊集院忠棟《いじゅういんただむね》が蒲池十郎（鎮並）に送った天正八年と推定される十二月十八日付の返書である。これによると、鎮並は佐賀へ降伏後わずか一カ月たらずで島津幕下になることを望み、使者を遣わし人質を差し出していることがわかる。読み下してみよう。

図《はか》らずも御当家に対し、御幕下と為る可きの旨、連々御懇望の赴に任せ、このたび一著致し、既に質人を差し出され、これらの儀使節を以て仰通られるの段、尤も感心の由思召《おぼしめ》さるる儀に候。向後に於て毛頭疎意有る可からず之通誓紙心底を顕《あらわ》され候事、御面目之至に候か、永代忠貞を抽《ぬき》んらる可く事申すに及ぶ無く候。私よりも龝法印又々申達候。御納得となし候、恐々謹言

十二月十八日　　　伊集院右衛門大夫忠棟（判）

蒲池十郎殿

島津に一味した鎮並は、三潴郡の西牟田鎮豊に使者を遣わし、島津老臣伊集院忠棟の書状を見せ、佐賀と手切れして島津幕下になることを勧めた。だが、西牟田はこれに同意せず、家臣を佐賀にやってこのことを須古城にいる隆信に報告した。また、鎮並の動静を監視していた付人の田原伊勢守からも、かれの逆心を認める注進があった。

再度の反逆に激怒した隆信は、さっそく鎮並謀殺を考えた。前年柳川攻めで苦労しただけに、何とか柳川に出撃せず、討ち果たす計略をめぐらせた。そこで五月二十日を過ぎた頃、田原伊勢守・秀島源兵衛（一説に西岡美濃守）の両名を柳川に遣わし「去年の冬、貴家と和平以来まだその礼を受けていないので、近日中に佐賀へまかり越されたし。去年隆信、須古城に隠居致したので、新館にて饗応し、猿楽など興行致そう。そちらよりも猿楽の芸人たちを同道されるように」と伝えさせた。

しかし、鎮並は病気と称して返答もしなかったので、両名は鎮並の母と伯父の左馬大夫鎮久に会い、「隆信父子の心にはいささかの異心もありません。このことは神明にかけて偽りありません。どうかお

家のため須古にお出で下さい。もし御承知なきときは、隆信公せっかくの和平の礼をふみにじらるることになり蒲池家にとって後難ともなりましょう。鎮並公御身辺についてはここに神文をもって御誓い申しあげます」と熱誠をもって説いた。

鎮並の母と伯父は、これを信じて鎮並をかわるがわる説得したので、かれの疑心も次第に解けて、ついに佐賀行きを決意する。

「さて鎮並の母儀、田原と秀島へ対面あり、此度佐賀の首尾、弥々《いよいよ》然るべき様頼み申すの由にて、両人へ黄金一枚づつを得させられけり」(『北肥戦誌(九州治乱記)』)と記されているように、金品を贈って鎮並のことをくれぐれもたのんだ。『肥陽軍記』には、かれら両名はさすがに謀略の使者として礼を受けることを恥じ、武士の本意にあらずとしてこれを返したと伝えている。

鎮並は五月二十六日、母に暇を告げ、両使がつき添って柳川を出発、同行は伯父蒲池鎮久をはじめ、親類、家人、芸人など一行三百余(『北肥戦誌(九州治乱記)』)であった。なお出発日についても五月二十六日(『鎮西要略』)、同二十八日(『肥陽軍記』)と諸説分かれる。鎮並の一族、大木兵部少輔統光(大木城主、一説に宗繁)は、このことを聞くと、急ぎ後を追い途中で鎮並に出会い、「気でも狂わせ給うたか。まだ佐賀とは戦時状態にあるというのに、うかうかと敵地に出掛けて行くなどもっての外でござる。もし不慮のことでも起きたら、取り返しのつかぬことになりますぞ。どうかお止まり下さい」と、しきりに諫めた。だが鎮並は「貴殿の忠言もっともではあるが、このようにいったん出立しながら、おめおめ引き返すなどとは見苦しいことである。運があれば死地にあっても助かることがあろう。疑っていては両家の和も開かれまい」と言って、統光のせっかくの諫めもきかず、千年川(筑後川)を渡って、対岸の寺井津へ着き、その日の夕方一行は佐賀に到着した。鎮並は田原・秀島両人の案内で佐賀城に入

蒲池謀殺の場所となった与賀神社（佐賀市与賀町）

り龍造寺鎮賢に会い、昨冬以来の和平の礼をのべ、互いに挨拶を取り交わし、鎮賢は大いに饗応につとめた。鎮賢はこの年、久家と改名している。

その夜、鎮並は城北の本行寺に宿泊、翌二十七日は滞在し、その日の夕方、須古の隆信より酒肴が贈られたので使者とともに宴を開いて過した。

明くれば二十八日未明、鎮並一行は隆信へ謝礼のため本行寺を発って須古へと急いだ。一行が与《よ》賀《か》の馬場（佐賀市与賀町）にさしかかると、かれらを待ち伏せていた小川信貴、徳島長房以下の龍造寺の軍勢が一度にどっと起こって四方を取り囲んだ。

鎮並は伯父鎮久に「柳川で思ったとおりであった。あなたの勧めによって、この計略に落ちたのは、かえすがえすも残念である」ときっと歯噛みして言った。鎮久はいまさら返す言葉もなく、「敵を信じたのが不覚であった。この上はせめて二心がなかったことを、只今お目にかける所存である」と言うや与賀大明神の鳥居の前に馬を駈け入れ、汚い龍造寺の仕打ちを憤ってののしり、弓に矢をつがえては敵に引き放った。そして屋根にとりのぼって、上から弓で射通し、矢種尽きるにおよんで下に飛び降り、敵中に斬りこみ、堤左馬丞と戦ってついに討死した。従者たちはめいめい抜刀して激しく闘ったが、衆寡敵せず、折り重なって斬り倒されていった。鎮並の小姓、大木忠五郎は鎮並のそばを離れず奮戦、太刀が折れたので短刀をもって佐賀の石井四郎右衛門と格闘し、かれの股深く突き刺したが、石井はこれを抜きとり、ついに大木を討ち取った。

『北肥戦誌（九州治乱記）』には討死百七十三人と記されているが、残余は負傷したり、捕えられたりしたものと考えられる。鎮並は、死期の迫ったことを知ると、残った郎従らに防矢を射させ、自分は傍の小家に走りこみ、主従三人刺しちがえて絶命した（『西国盛衰記』）。

『歴代鎮西要略』には、鎮並の首は隆信の家臣馬渡刑部少輔がとり、その霊を祀ったが、それから辻堂という地名が起こったと記されている。

鎮並は猿楽《さるがく》の名手であった。猿楽とは、散楽・申楽とも書き、能楽の別称であり、室町時代までの物まね、その他雑芸の総称である。隆信が鎮並謀殺のため呼び寄せた口実にも猿楽興行を楽しみたいとあった。

『筑後国史（筑後将士軍談）』によると「翌廿七日、与賀明神ノ馬場ニ於テ猿楽ノ能ヲ興行シ、四方ニ兵ヲ伏置タリ」とあり、猿楽興行が行われ、鎮並は京都の猿楽師某を同行させていた。この猿楽師が稀代の名手であったから、愛好家の隆信はこれを殺すに忍びず、そっと傍に招いて密謀を語って、急ぎこの場から脱出させようとした。だが、この猿楽師はこれに同心せず、急ぎ舞台に上がり、鎮並にこれを告げた。そこへ小川・石井の軍勢が起こって時を移さず周囲を取り巻いてしまった、とある。隆信がはたしてこのような大事なことを事前に打ち明けたかどうか、疑問であるが、あるいは鎮並謀殺と無関係な斯道の名手を巻き添えにするのを忍びず一命を助けようとしたのかもしれない。一説には、「鎮並馳走ノ猿楽ヲ催シ、〝鵜ノ羽〟ノ能ノ中入ノトキ伏兵一度ニ興テ之ヲ伐《ウ》ツ」とある。

また、佐賀の本行寺に滞在中、須古の隆信より土肥出雲守に酒肴を持たせてきた。鎮並は厚意を謝して、その酒をひらき、出雲守とともに深夜まで酒宴を催し、興がわいて、〝埋木《うもれぎ》〟を自ら舞い謡った。名手と言われた鎮並の迫真の演技を出雲守はつくづく見聞して、明日討たれるとも知らず静かに舞いつづける鎮並のはかない立ち姿に思わず落涙した。鎮並はこれを悟ることができず、自分の至芸に感じての涙と思い、さらに無我の境で舞いつづけたという。

（漢詩七絶）

柳城懐古　吉永正春作

驃騎龍旆　筑州連
剣閃弾硝　柳水旋
蛟窟堪憐　漏宵舞
秋風千古　汗青伝

驃騎《ひょうき》龍旆《りゅうはい》　筑州《ちくしゅう》に連なり
剣閃弾硝《けんせんだんしょう》　柳水《りゅうすい》を旋《めぐ》る
蛟窟《こうくつ》憐れむに堪えん　漏宵《ろうしょう》の舞《まい》
秋風千古《しゅうふうせんこ》　汗青《かんせい》伝《つと》う

筑後に残った幸若舞

筑後大江（瀬高町）の大頭《だいがしら》流幸若《こうわか》舞は日本国中に現存する唯一のものである。「能」といえば誰もが知っているが「幸若舞」ではわからない。室町時代では能と幸若舞が愛好され流行した。幸若舞の方は能よりさらに素朴で文も美文調ではない。幸若舞の舞本はおよそ四十種類あるといわれるが、大江にある大頭流の本は、曽我夜討・安宅・景清・小袖曽我など、わずか八種である。

幸若舞を愛した武将は織田信長である。よく映画、テレビで取りあげられ、信長出陣や最期の本能寺の場面で、「敦盛《あつもり》」の一曲、「人間五十年、下天のうちにくらぶれば夢まぼろしの如くなり」が舞い謡われる。信長はこの「敦盛」が好きであった。徳川家康もまた幸若舞を愛し、天正十年、安土城で信長の饗応を受けたとき、家元幸若八郎九郎の舞と梅若の能を観賞している。この時は八郎九郎の舞がよかったので、さらに舞いつづけさせたといわれる。徳川の世となり、幸若好きの家康は家元の幸若家を優遇し、越前において千石を給してこれを保護した。以来毎年正月、年賀とともに江戸に出府、将軍家の御前で舞を披露したのである。しかし、この格式ある幸若の家元も維新後は無禄となって、いつしか消滅してしまった。

この絶滅したと思われた幸若舞がなんと、筑後の一隅に残ったのである。なぜ筑後の地に伝わったのであろうか。その理由は、天正の頃、蒲池氏（蒲池鑑広または鎮並といわれる）がはるばる京都から幸若舞の芸達者を筑後の地に呼び寄せ、家臣たちに習わせたからであり、それが転々として伝承され、みやま市瀬高町大江に遺脈を伝えているのである。立花道雪も、高橋紹運の子宗茂を娘誾千代の養子に迎えた日、立花城で祝宴を張り、この幸若舞を観賞したという。そして、田尻鑑種はじめ筑後の諸将たちの間にも流行していたようである。

藩政時代には、毎年一月二十日に柳川城中で興行され、家元の松尾家はそのため正月三日から厳しい稽古を始めたという。幸若の謡は源義家七代の孫桃井直常の子直詮《なおあき》、幼名幸若丸が雲上双紙《うんじようそうし》、いわゆる舞本に節調をつけ巧みな音律をもって詠じたのが始まり。幸若という舞の名も氏名から取ったものである。大江の幸若舞は松尾家に伝わり、四百年にわたる貴重な伝統芸能を今日まで伝えている。

有明の首舟

鎮並を騙し討ちにした隆信は、時を移さず鷹尾城にいる田尻鑑種に、柳川の蒲池残党討伐を命じた。鷹尾から柳川までは約二・五里（約一〇キロ）の距離である。いやと言えば鑑種だって滅亡へ追いやられる。鑑種には、今はただ蒲池一族を討つことしかなかった。

鑑種はまず、かれらに佐賀に於て鎮並誅殺のことを告げ、直ちに柳川城を退去して支城の塩塚城（柳川市大和町）に移ることを命じた。柳川から塩塚までは約一里ほどである。鎮並の母は鑑種の姉である。さすがに彼はこの姉と鎮並の幼女を鷹尾の館へ引き取った。『鎮西要略』では鎮並の嫡子宗虎丸を鷹尾城に招き、また鎮並の舎弟蒲池統春以下を佐留垣《さるがき》城（柳川市大和町）に移すとあり、『北肥戦誌（九州治乱記）』には柳川城にあった鎮並の弟統春は鑑種に、「われらは龍造寺に逆心などありませんのでこの城を退出します」と言ったので、鑑種は佐賀へこのことを報告したところ、隆信はこれを許した。そこで統春ら蒲池家中のうち百余人は柳川城を出て、蒲池領の佐留垣村へ引き退いたとある。また、柳川城に残った蒲池統康、豊饒鎮連ら男女五百余人（一説には千百人余）は柳川の東南約一里の塩塚城に移された。ここにも田尻の謀略が働いたのであろう。

柳川城で籠城されては、討伐に日数がかかり、そうなっては佐賀への面目がないので、言葉たくみに蒲池一門の勢力分散をはかったのである。なお『北肥戦誌（九州治乱記）』には、鎮並嫡子六歳の宗虎丸も塩塚に籠ったと記している。

鎮並謀殺四日後の六月一日、田尻鑑種は二千七百の兵をもって親類・縁者が立て籠る塩塚城を攻めた。佐賀からも鍋島直茂が派遣した中野兵庫助、水町丹後守信定ら六百余の兵数が加わった。佐賀からの加勢は監視を意味し、田尻鑑種が手加減をして討ちもらしたりすることのないように、目付の役も兼ねているのである。

以下、『北肥戦誌（九州治乱記）』の記述によって記すと、田尻と蒲池の兵たちの間には、縁つづきの者が多く、叔伯・甥・いとこであったり、なかには兄弟が分かれて両陣にいる者もいた。身内同士を共食いさせようとする残忍な隆信の意図が、対戦する両家の兵の身を凍らせ足を釘付けにした。しかし、周囲は佐賀や肥後の兵が取り巻き脱走に目を光らせている。どうせのがれることのできない城兵たちは、それぞれ死を決意して寄せ手の縁つづきの者たちを求めて、一人二人と進み出て出会い、どちらが死んでも互いに後生を弔う言葉を交わしあい、刀や槍を突き出した。足手まといの病人や婦女子は、敵の手にかかるよりはと身内の城兵が斬り殺した。悲鳴と嗚咽《おえつ》があちこちで起こり、夏の日盛りの中、この世のものと思えぬ凄惨な情景が展開された。「叔父上、お許し下され、なむあみだぶッ」と、思わず目をつぶって槍を突き入れる甥、「後生を弔うてくれよ」と言いながらその槍をたぐりよせて自分の胸に突き刺す老武者。弟が兄の首を取り、いとこ同士が刺し違えたり、あるいは自害したり目も当てられぬ惨状となった。「なむあみだぶ、なむあみだぶッ」と互いに念仏を唱えながら、肉親縁者が斬り合う姿は、夏の熱気を受けてまさに地獄絵図であった。一族郎党入り乱れて、もはや収拾のつかぬ殺戮《さつりく》場と化し、夏草の上に倒れ伏す若き女子の死体、また幼児や入道姿の老武者などの骸《むくろ》が累々と横たわり、死臭があたりを覆った。

この日、卯の刻（午前六時頃）から押し寄せ、敵味方とも兵糧もつかわず午の刻（十二時頃）まで、延々六時間に及ぶ殺し合いが行われ、昼頃までに塩塚城は落ち、蒲池統康・豊饒鎮連はじめ老若男女五百余人全員鏖殺《おうさつ》された。残党攻めの主力になった田尻勢も親類被官、雑兵など戦死傷者を出しこのうち百八人が討死、手負い八百三十六人の損害を出したとしている（『北肥戦誌（九州治乱記）』）。

塩塚城趾は、西鉄大牟田線塩塚駅の西方約四〇〇メートルの人家の横に「史蹟塩塚城趾」の碑が立っている。しかし、ここは城趾の中心部ではなく、「北城」と呼ばれる北端にあたる。

ここから東四〇〇メートルにある宗樹寺との間にひろがる水田が城趾の中心だったといわれる。宗樹寺には塩塚落城のとき、虐殺された蒲池鎮並夫人以下百八人の死骸を葬った塚があったが、その後、耕地整理の時にとり壊され、寺の外側に地蔵尊を祀り、百八人の殉難碑が建てられた。城趾はほとんど水田と化したが、周囲にはまだ堀が残り往時を偲ばせる。

さらにつづいて、隆信より佐留垣城にいる蒲池統春をも討ち果たすよう命じてきた。鑑種は、これ以上の親類同士の殺し合いをなんとか中止させるため、隆信に「かの統春は龍造寺家へ異心なく、自ら統康らと離れて城を退出した者で、そのため柳川残党を容易に討つことができたのです。そのかれを討つことは約束を違えることになり、これだけはお許し下さい」と必死に嘆願したが、隆信はこれを許さなかった。

ここにおいて鑑種もあきらめ、塩塚落城二日後の六月三日、兵をもって佐留垣城の蒲池統春らを攻めた。再び身内同士の戦いがくり広げられ、田尻勢は涙を振るって斬りつけていった。肥後の小代親傳の兵も加勢、ついに統春以下柳川残党百人余りはことごとく討たれた。

佐留垣は現在、皿垣《さらかき》の地名になっているが、城趾の広さは約三反（約一〇〇〇坪）はあり、今は人家に囲まれている。城の周囲は低地の水を利用して堀をめぐらし、防御にしていたらしいが今もその跡が残っている。北側の百坪（三三〇平方メートル）ばかりの空地にムクの大木が立っていて、周辺は雑草が生い茂り、陰鬱な気配を漂わせている。

塩塚、佐留垣で討ち取った首は、隆信の実検に供されるため首化粧が始まる。当時実検に供される首は、『おあむ物語』にあるように、顔にかかった血などは綺麗にふきとられ、髪には櫛が入れられ化粧がほどこされた。これらの作業はたいてい、女か中間《ちゅうげん》、小者たちの手によって行われた。夏のことで腐敗しやすく、作業は多勢の手によって迅速に進められたと思われる。この悲痛な仕事は、おそらく田尻家の婦女や小者たちに与えられたのであろう。何の罪もない身内同士が、権力者の命で殺し合い、斬り取ったその首を洗い、化粧をほどこしているのである。怨念の形相をした蒼白の首、かっと白眼を見開いた入道首や目を閉じた哀れな童児の首もあったであろう。

世にも悲惨なこの作業が終わると、斬獲した首は舟で別々に送られた。佐留垣分は二艘、塩塚分は一艘に積みこまれ、田尻の兵が護衛して有明海を静かに進んだ。数百の首を積んだ船は、一見釣船にも見えたであろう。やがてこれらの首は隆信の実検に供された。次の書状は隆信が首実検後、この討伐に参加した肥後の小代親傳へ礼書を出しているが、それに対する小代よりの返書である。

貴札令㆓拝見㆒候。仍㆓蒲池鎮竝事㆒、連々就㆓悪行顕然㆒、今度輒御成敗候。千秋万歳候。彼残党、於㆓佐留垣城㆒楯籠候之処、筑州衆申談、即時討果候。被㆓聞召付㆒候段、外聞之至忝候。彌々可㆑

抽㆓忠節㆒之覚悟、不㆑可㆑有㆓緩疎㆒候。猶石田内記方可㆑有㆓御達㆒候。可㆑得㆓御意㆒候。恐惶謹言

六月十二日　小代伊勢守親傳（判）

龍造寺殿

参貴報

（読み下し文）

貴札拝見令候《きさつはいけんしめそうろ》。蒲池鎮竝《かまちしげなみ》こと仍連々悪行顕然《すなわちれんれんあくぎょうけんぜん》に就《つ》き今度輙《すなわち》御成敗《ごせいばい》候。千秋万歳候《せんしゅうばんぜいに》。彼の残党、佐留垣《さるがき》城において楯籠《たてこもり》候のところ、筑州衆申談即時《もうしだんじそくじ》討果候。聞き召し付けられ候段、外聞の至り忝《かたじけな》く候。彌々《いよいよ》忠節抽《ぬき》んずべくの覚悟、緩疎《かんそ》有るべからず候。猶石田内記方《なおいしだないきかた》へお達し有るべく候。御意《ぎょい》を得可《えべ》く候。恐惶謹言《きょうこうきんげん》

小代伊勢守親傳《しょうたいいせのかみちかただ》（判）

六月十二日

龍造寺殿（隆信父子）

参貴報《きほうにまいる》（返信）

塩塚をのがれた蒲池の女子供たちは、ようやく津留の渡《わたし》まで辿り着いたところ、肥前の追手につかまり、ついにひとりずつ討ち殺されたという。また塩塚で戦死した駿河守統安の怨霊があまりに激しく龍造寺への災いをなしたので、隆信は柳川の沖端に二宮明神を祀ってその霊を慰めた（『筑後国史（筑後将士軍談）』）。

鎮並の夫人や嫡子宗虎丸については各書一定しないが、娘は祖母（鎮並の母）とともに、田尻の懇願

蒲池鎮並夫人ら108人の霊を祀った地蔵尊（柳川市大和町塩塚）

で助命されたとある。鎮並簾中《れんちゅう》（夫人）は、塩塚城の塩塚左京をたのんで隠忍していたが、田尻兵庫の軍勢が攻めこみ塩塚はこれと戦って戦死、その時夫人に付き添っていた中山新助という者が長刀をもって八人まで切り伏せて討死した。攻城の将田尻兵庫も討たれて死んだ。このとき、夫人とともに婦女百八人が城南のツカという所で自害したといい、のちそこに寺を建て地福寺と号したと記されている（「今村家記」）。

また『横溝六郎遺文集』には「妻女今年三歳ノ子ヲ掖《ワキバサ》ミ柳河ヲ出デテ統春ノモトエ志シ道ノ程十七、八町過テ塩塚村ニ歩ミ近ヅクニ、十余人追ヒ来ル、妻女為方《センカタ》ナク傍ノ小家ニ走リ入ルニ心無キ士民モ余リノ痛ハシサニ水桶ハ覆ヒテ隠シ置ケリ。十余人此家ニ乱レ入リ、終ニ探シ出シテ幼児ヲ奪ヒ首ヲ截《キ》ル。妻女其ノ刃ヲ以テ喉ヲ掻切リ死ス」とある。これから想像すると、鎮並に嫁がせた娘までも殺してしまう隆信の残忍さを物語っている。

嫡子統虎丸は、塩塚城で攻め殺されたというが、一説には四、五人の従者に囲まれて田尻鑑種をたよって鷹尾に来たので、鑑種は薩摩へ逃がしてやると偽って、舟で海上に連れ出し殺させようとした。ところが船中で虎千《こせん》という小姓がそれと察して、統虎丸を殺して自分も腹を突いて入水したという。

蒲池氏を滅ぼした隆信に対して、筑後の国人たちの間にその残虐さを憤る非難の声があがり、人道に反した龍造寺から心が離れていった。やがて島津をたよるものが増え始め、龍造寺家は大恩ある蒲池家を滅ぼした代償として、自ら滅亡の道を辿るのである。
蒲池鎮並の法号は、「本源院殿哲心覚英大居士」である。

徳女の涙

その頃、柳川の市中に誰が書いたのか、「柳川に鎮《しげ》なみかけて　うつときは　終《つい》には龍の　すみかとぞなる」という落書がされていた。龍とは、龍造寺のことであり、また想像上の恐ろしい動物の意にかけたものであり、鎮並が討たれたあとの柳川はついに恐怖の龍が住みつくようになった、という意味であろう。土地の者たちの鎮並への同情と、龍造寺に対する兢兢《きょうきょう》とした様子が分かるのである。

柳川城には隆信の一族龍造寺兵庫頭家晴《ひょうごのかみいえはる》が入城し、市中や周辺において蒲池残党の詮議《せんぎ》が厳しく行われていた。蒲池鎮並には十四歳になる息女、徳姫がいたが、彼女は龍造寺から攻められたとき、乳母《うば》らに守られて危難をのがれ、縁者をたよって島原半島の有馬領へ落ちのびた。有馬の城主、有馬修理《しゅり》大《たい》夫《ふ》義貞（仙岩）は大の龍造寺ぎらいである。かれの娘は政略のため龍造寺久家の妻となっているが、決して心服して和議を結んだのではない。龍家のため父祖以来の所領を奪われ、家臣たちを殺された恨みがある。

徳女は、この有馬仙岩の城へ、素性を隠して女中奉公にあがった。有馬に仕えている間も、父や家族を失い一家離散の悲しみは、時に彼女の表情を暗くした。

その年も過ぎ、翌年七月、七夕《たなばた》祭りの頃となり、城中では女、童《わらべ》たちが集まって、それぞれ竹の小枝に願いの紙片を結び、さまざまな衣服を飾って楽しげに興じていた。だが、徳女は、かつて柳川城で過ごした七夕祭のことを思い出していたのか、うっすらと涙ぐんで打ちしおれていた。それまではしゃいでいたまわりの女衆は、徳女の様子を不審に思い「なぜ、衣掛けをなされぬ」と言った。徳女は涙とともに、次の一首を詠んだ。

いざさらば　何をかかけん　七夕に　泪の外は　身にそわばこそ

この歌が城主有馬仙岩の耳に入った。あまりに身につまされる歌なので、何かわけがあると思い、彼女を召し寄せてその身元を聞いた。徳女は今は何を隠そうと、柳川以来蒲池家離散の悲しみを包み隠さず打ちあけた。これを聞いた仙岩は大いに驚き、「鎮並殿の息女とは知らず、今までの無礼は許されい。お身の父御、鎮並殿とはもともとゆかりのある仲、海路を隔てて争乱のさなかに行き来もならず、つい疎遠になっていた。しかし、そなたのことがわかった以上、どうかこれからは、この仙岩を親と思って心丈夫にして過ごされよ。時期をみて必ず隆信を討ち、その無念を晴らして進ぜようぞ」とやさしくいたわった。

この記事は「西国盛衰記」に記されたものだが、晴信の父仙岩は天正四（一五七六）年に没しているので、蒲池滅亡時にはこの世にいない。とすれば、仙岩とは子の晴信（当時十四歳）のことであろうか、晴信は父の遺号「仙岩」を名のっていたかどうか。「今村家記」には徳女の名は〝民〟となっている。また当時十四歳ではなく、幼少だったのを敵に見つからぬよう葦の中に隠してようやく助け、成人ののちに有馬へ仕えたと記している。

ともあれ乱離の世であってみれば、落城にまつわる話は、後世の同情からか潤色されて、各史記に多くの悲話として残されている。徳女は、のちに大友家重臣朽網《くたみ》宗歴《そうれき》の子内蔵丞《くらのじょう》の妻となり、寛永九（一六三二）年、六十六歳で没した。崇久寺にはその碑があるが、自然石の表面には「見性院心空妙安大姉蒲池徳女」と記されている。

その頃、龍造寺隆信は佐賀城を子の久家（政家）に譲り隠居して須古城にいた。須古は平井経治の居城だったが、隆信が接収して改築したものである。隠居といっても国中の実権はいぜんとしてかれが握っていた。隆信はこの隠居の前後から私行に乱れが出てきた。地位と権勢を手にした人間の通弊で、心が驕《おご》り酒色にふける糜爛《びらん》した生活であった。

隆信には、多くの人命を奪ってきた贖罪《しょくざい》の気持ちはなく、乱世を乗り切る膽略《たんりゃく》と戦の智恵だけが猛将隆信を支えてきた。だが、仁愛のない者には人は心服しない。力で押さえても、いつかはその反動がくる。隆信に、その心があったなら殺戮《さつりく》した敵方の多くの家族を思って、少しでもその恨みを和らげるべきであった。隆信ほどの男が自ら恨みに恨みを買って、その怨念のなかで自滅してゆく姿が、戦国の世とはいえ一種の壮絶さを帯びるのである。

その点、鍋島直茂は常識人であった。戦には強く、一日に二十の城を落としたといわれ、討ち取った敵将の首は数えきれない程だったが、反面、人への思いやりがあり部下を愛した。また、敵国に入っては神社仏閣への狼籍や金品の掠奪、婦女への危害などを禁じ、軍律の面でも厳しいものがあった。直茂は人の心を大切にした。「俸禄は勝運の時は用に立てども、負軍になりては、一言の情を掛けたる者ならでは用に立たず」と言っている（『名将言行録』）。

人を動かすのには物か心か、古来からよく論議されてきたテーマである。どちらも大切であろうが、苦しい状況に陥った時は、心で結びついた者同士でなければ耐えぬくことができぬというのだ。直茂は多くの実戦から得た体験で見事にこれを見抜いていた。

かれは隆信が武事をうとんじ享楽に耽《ふけ》るのを嘆いて諫言するが、隆信はいっこう改めようとしなかった。直茂が肥後の押さえとして柳川に移されたのも、もとはといえばかれの存在が煙たかったからといわれる。

隆信は、その後も戦は直茂や直属の部将たちにまかせ、自分は管絃・猿楽など自由気ままな生活を楽しんだ。それまで中断していた〝須古踊り〟も、このときかれが復興したものといわれる。心ある家臣たちは、このような隆信の所業を歎いて龍造寺家の滅亡も近きにありと涙を流したという。

島津北進、龍造寺敗る

筑後乱離

蒲池鎮並謀殺の影響は早くも出始め、筑後国内でも、天正十（一五八二）年二月、上妻郡木屋村（八女市黒木町北木屋）の猫尾城（黒木城ともいう）主、黒木兵庫頭家永（一説に伯耆守）が叛旗を翻した。龍造寺政家、鍋島直茂は軍議して、黒木を攻めるため肥、筑の兵五千をもって猫尾城へ押し寄せた。『歴代鎮西志』は、このとき政家が高良山に陣を進めたことを記している。直茂は、猫尾城が要害の地にあるのを見て、力攻めにせず兵糧の欠乏を待った。家永はその不利を知って、発心《ほっしん》岳城（久留米市草野町）主草野長門守家清を通じて和議を申し出たので、信生はこれを許し、家永の嫡子四郎を人質にして陣を引いた。

この年六月、全国統一を目ざす織田信長は京都の本能寺に宿泊中、彼の部将明智光秀の軍勢に襲われて自害し、志半ばに世を去った。中央、地方を問わず下克上の機運が全国を覆っていた。

八月に入ると、それまで龍造寺にとって筑後最大の協力者であった鷹尾城（柳川市大和町鷹ノ尾）主、田尻鑑種の謀叛の噂が広まった。鑑種は、龍造寺の筑後、肥後進攻の案内者として大いに働き、甥の鎮並謀殺にひと役買い、さらにその残党退治の先鋒までつとめて隆信に尽くしてきたのである。

隆信は、かつて鑑種に対し、彼のどんな悪い風評が入ってきても必ず真偽を糺《ただ》した上で行動を決める旨の神文を与えている。そこで、田尻に対し龍造寺の方に別心のないことを神文で誓い、その真意を糺している。

再拝々々敬白天罰起請文

一、於今度鑑種御身上曲風説申散候、更無是非候。為隆信政家毛頭不存寄候之事。

一、御縁重之儀、此方親子以見合、可申談儀不可有疎之事。

一、鑑種隆信政家申談候而、その後到于今不存疎意、勿論向後不可有別儀事。

附、被対隆信政家、鑑種御隔心之由、如風説者直尋糺、縦一往者、鑑種御隔意雖無御晴候、引直可申談候。及両度候者、可及鉾楯《（戦争）》覚悟之事。

右條々於偽申者、

神文之を略す。

天正十年八月十八日　龍造寺山城守（隆信判）

同　民部大輔（政家判）

田尻殿

鑑種の反逆は当然起こるべきものが起こったまでである。いかに隆信の命とはいえ、多くの一族、友人、知人を殺した苦痛に彼は心がさいなまれ、日が経つにつれ、身内同士の殺し合いをさせた隆信への怒りがわいてきたことだろう。また多くの人命を奪った隆信の須古での享楽も、かれへの反抗を掻き立てていったと思われる。

九月に入り、鑑種が島原の有馬晴信と謀《はか》って島津家に使者を送り、幕下についたという情報が入った。十月になって、鑑種は佐賀へ手切れの態度を明らかにして、いよいよ抗戦の構えをみせる。柳川には人質として、一族田尻鎮清の子千代松が差し出されていたが、鑑種はこれを捨て殺しにする覚悟で鷹尾城に立て籠もった。彼は、江浦、浜田、津留、堀切の支城にそれぞれ一族の将を配し、武器、玉薬、兵糧、馬糧などを充分用意して堅固な防禦態勢を取った。

龍造寺政家は肥、筑三万の軍勢を率いて鷹尾城に攻め寄せた。大将は政家で、鍋島直茂と政家の弟後藤家信が実戦の指揮をとった。直茂はまず三方より包囲して、海へは乱杭をもって断ち切り海上への通路をふさいだ。そして城の周りには堤を掘って付城《つけじろ》をつくり、船手に一軍を備えた。

一方、田尻鑑種もこれに屈せず、佐賀勢に対して鉄砲を激しく撃ちかけて戦った。鑑種は鷹尾城で頑強に交戦し、四カ所の端城も互いに連携をとって必死に防戦したので、佐賀勢は多くの死傷者を出して退き、遠巻きの状態となった。

隆信は戦況が進展しないので、みずから督励に当たるため、龍王崎より船で三潴郡榎津（現・大川市榎津）に渡り、小川信貴を軍監として鷹尾城を攻めさせたが、今度もまた銃弾を受けて雑兵多数が撃たれ攻撃は失敗して退いた。数度の攻撃はことごとく撃退され、戦線は一向に進展をみなかった。さしもの隆信も須古へ帰り、政家、直茂も押さえの軍勢を残して、ひとまず柳川へ帰城した。この間、鑑種は急使を立てて島津氏に救援をたのんでいる。

一方、田尻と時を同じくして、上妻郡辺春《へばる》城（八女市立花町上辺春）主辺春入道紹真《しょうしん》（紹心）も、佐賀に対して敵意を表し、大友軍を引き入れようとした。筑後の風雲、急を告げ、龍造寺は叛将の討伐に追われた。かくて、佐賀勢は田尻攻めをそのままにして、辺春の攻略にかかった。

天正十年十月十四日、三手に分かれた佐賀勢は、小川信貴が先陣となり、二陣鍋島直茂、搦手《からめて》を後藤家信、山の手は高良山座主良寛や納富家理の軍をもって戦闘が開始された。上蒲池の蒲池鎮運や三潴の西牟田家親らの国人衆も鍋島の手に加わって戦ったが、辺春の猛撃を受けて多くの損害を出して退いた。

矢野一貞著『筑後国史(筑後将士軍談)』では、この辺春攻めは下田城(久留米市城島町下田)主堤筑前守貞元が攻めたように記している。日付も天正十年三月三日となっていて、辺春城主は薩摩守鎮信としている。攻めた堤の軍勢は五百人余であるが、辺春勢の数は不明である。堤貞元は元亀年間以来大友方から龍造寺へ寝返ったものであり、妻は龍造寺家の出で、隆信から辺春攻めを命ぜられている。

なお上妻郡衆の酒井田、稲員《いなかず》氏らが、大友方として参加したことが文書によって判明するが、大祝《おおほおり》鏡山氏もまた一族を連れて辺春を助けている。このように大友勢力がなお筑後の地に根強く潜在していた。筑後の中でもとくに上妻郡は大友色の強いところで、上蒲池、黒木、上妻、辺春、谷川、酒井田、稲員など、一時的には龍造寺に従ったが、やはり古い土地柄のせいか、地縁、血縁による大友との関係は持続され、土着して息づいていたのである。いいかえれば、大友から離れられなかったのが上妻郡衆の不運だったといえよう。筑後人の心情の深さがわかるのである。のち太閤秀吉の九州平定後、筑後国人の中からひとりも大名が出なかったことからも、筑後人の気質が知れようというものだ。

辺春紹真に協力して戦死した酒井田壱岐守は、酒井田村(現・八女市酒井田)二十五町を領し、長田に居館があったという。酒井田氏はその後、龍造寺軍によって肥前に連行された。やがてその子孫が、有田の陶土に花を咲かせ、陶工酒井田柿右衛門となったことを知る人は少ない。

十月六日、辺春城の攻撃が再開され、先手は蒲池鎮運、西牟田新介が命ぜられたが、かれらは蒲池一党として辺春とは親類であり、城攻めをためらって、ゆるゆるの行動をとり、一向に攻めかかろうとしなかった。鍋島直茂はこの状況を見て、「戦を延ばすは異心があるからであろう。もし、そうなら直ちに討ち果たすまでだ」と言ったので、驚いた蒲池、西牟田らはやむなく城へ向かって攻め上っていった。

このとき鍋島の家士、武藤貞清は火矢を放って城中に火をつけ、また中野清明も火をかけて回ったので、火炎はたちまち城を包んだ。城主辺春紹真は、ついに城を脱出して落ちのびていった。『筑後国史（筑後将士軍談）』では、三月十一日辺春の落城を記し、城主紹真はじめ、城兵ことごとく討死したと伝えている。

蒲船津城趾と堀（柳川市三橋町蒲船津）

黒木、田尻、辺春と前後して、戦火は柳川近郊の蒲船津の城にも飛び、城主蒲池益種はじめ一族郎党や婦女子までが立て籠もった。益種は黒木家永の弟である。

「信生（直茂）公勢をあつめて蒲池舟津（現・柳川市蒲船津）を責給ふ。益種力をあらわしうちたたかいければ一陣すでに破れたり。下村生運、富岡喜左衛門允など入かえ入かえ責戦い、ことごとく責崩して城中に押しこむ、益種安からず思いてつき出でつき出で戦いけるが終に討死して蒲池舟津責落さる」（『肥陽軍記』）

蒲船津城は柳川の東方約三キロの地点にあり、現在、柳川市三橋町の県道を瀬高に向かって車で五、六分の所である。石垣など、

蒲船津城趾にある鬼門の観音堂
（柳川市三橋町蒲船津）

何も残っていない。ただ、城の鬼門（北）に当たる場所に鬼門除けの堂があったのを、何回か改築して現在に至っているという。これが遺構をしのぶ唯一のものであろう。城趾の広さは目測で東西六、七十メートル、南北五、六十メートル、三反から四反（約千坪―千二百坪）ぐらいで、わずかに高低差があり、東南に畠がひろがり、城があったと思われる場所は草がぼうぼうと生えている。おそらく東南から西北にかけて濠がめぐらされていたと思われ、地形上、西北が大手であったと考えられる。土地の人は字名から二郎丸城と呼んでいる。

ここを訪れたとき、この平城でどんな思いで戦っただろうかと、当時の彼らの心情を思い暗然たるものがあった。『北肥戦誌（九州治乱記）』には「城は不日に落ちたりけり」とあり、また『筑後国史（筑後将士軍談）』には「一、二ノ城戸ヲ討破テ乗入、男女ヲ嫌ズ切捨、益種ヲバ陣内相兵衛討取ケリ」と記されているが、本丸まで一、二の城戸を設け、柵などの防御壁を構築していたのだろう。当時、益種は女子を含めた二、三百の小勢で立て籠もり、城はわずか一日で落城、ほとんど佐賀勢に討たれて死んでいったという。

蒲池益種については、『北肥戦誌（九州治乱記）』に「本姓黒木兵庫頭鎮連が弟なり、されどもさる仔細あって蒲池と称す。元来鎮並、鑑種が親類なり」とある。蒲池、田尻、辺春、西牟田、矢加部、黒木、星野などは同族関係か、閨閥によって結びついていたと思われる。

蒲船津城には龍造寺の将百武志摩守が入って守備を固めた。天正十年もやがて終わり、翌十一年正月になって、島津の方より田尻の応援として伊集院若狭守が率いる三百余の軍勢が海路到着し、兵糧を鷹尾城に運び入れ城兵を励ましたので、本城の鷹尾をはじめ、津留、浜田、堀切、江浦の各支城の城兵たちの士気は大いにあがった。現在、大和町中島の薩堀《さつまぼり》と呼ばれる一帯に島津軍の舟が入ったというが、また沈没したところとも伝えられている。

この年、龍造寺隆信はまたしても残忍非道な行いをして、民衆の怒りを買った。原因は肥後の赤星統《のぶ》家《いえ》の二人の子をはたもの（磔《はりつけ》）にかけて殺害したからである。赤星は隈部と同じ菊池氏の旧臣である。赤星統家は蒲池鎮並の舅であった。鎮並の正室はこの赤星の娘であったといわれ、隆信の娘とする説は龍造寺一族または家臣の娘を隆信の養女といって、蒲池との政略に供したものではなかろうか。あるいは有馬をたよった徳姫も、この赤星氏の腹にできた子ではなかったのか。統家は隈府《わいふ》城（菊池市隈府）にいたが、鎮並が謀殺されて以来龍造寺を恨んでいた。統家は先年より嫡子新六郎を人質として隆信に差し出していたので、どうすることもできなかったのである。

赤星哀歌・田尻開城

隆信は赤星が遺恨を抱いていることを聞くと、島津へ寝返りされては肥後の経略にも影響するので、真意を糺《ただ》すため柳川へ参上するよう命じた。赤星は伺候《しこう》する旨の返事をしたが、そのままのびのびになって一向に来る様子がなかった。隆信は統家が来ないのは逆意ありとみて、成松信勝・木下昌直を赤星の館に遣わしたが、統家はちょうど外出して不在であった。成松らは隆信のてまえ、仕方なく家にい

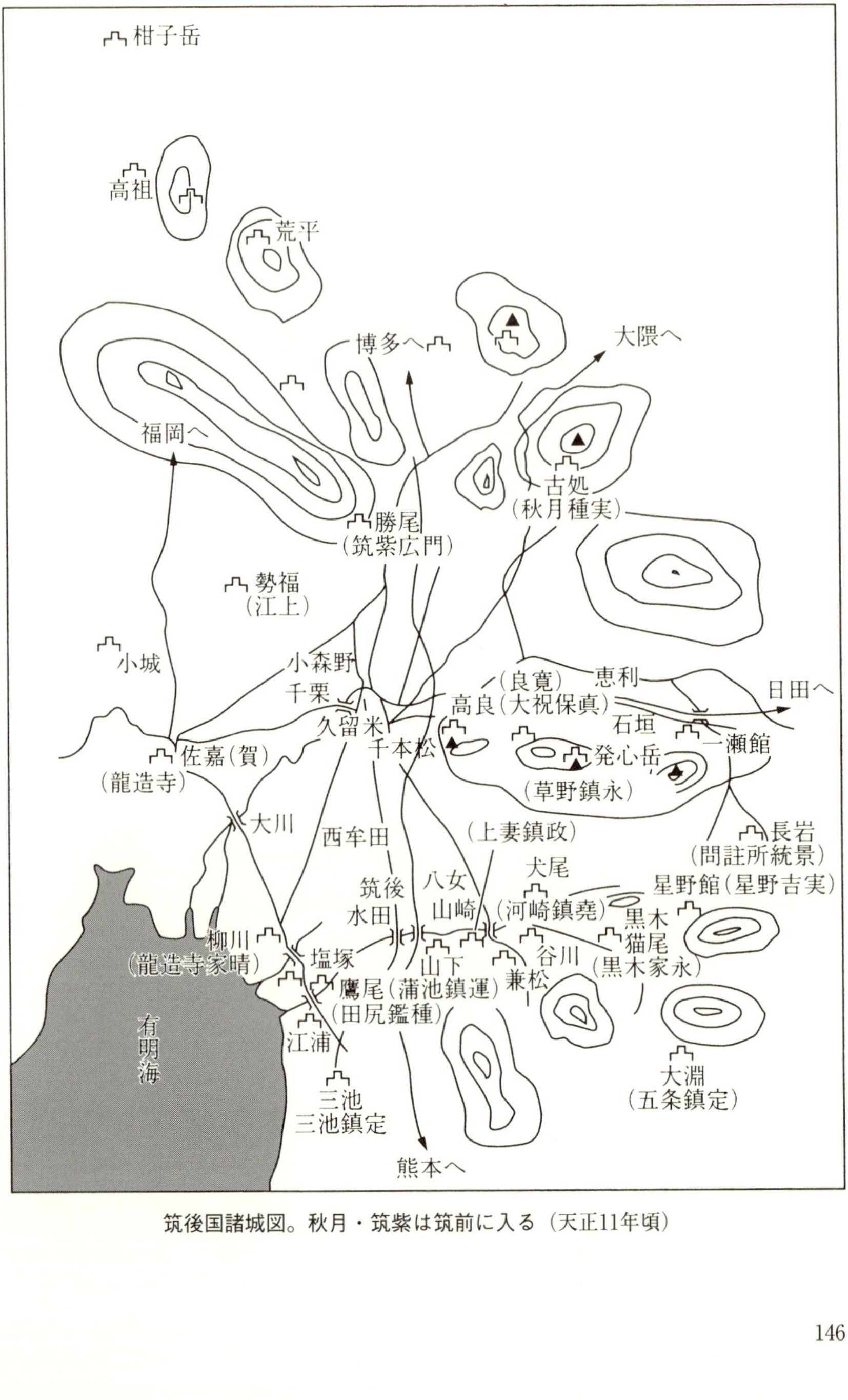

筑後国諸城図。秋月・筑紫は筑前に入る（天正11年頃）

た八歳になる統家の娘を引き連れて帰城した。隆信は、赤星が居留守を使って会おうとしなかったと言って烈火の如く怒り、見せしめのためこれまで預かっていた人質の嫡男新六郎十四歳と、成松らが連れてきた八歳の娘の兄妹を竹井原（みやま市高田町竹飯）に引きずり出し、はりつけにして殺してしまった。

刑の執行に当たった武士たちも、兄妹ふたりのいたいけな姿を見て、さすがに顔を曇らせたという。武士たちが、念仏を唱えるように勧め、兄妹の身体を西向きに直してやると、新六郎は「自分の故郷はどの方角ですか」と言った。立会いの者は「これより東の方だ」と教えてやった。新六郎はじっとその方向に目をやっていたが、やがて「わが面《おもて》西にな向けそ赤星の親に後《うしろ》を見せじと思へば」と一首を詠じて妹とともに刑を受けた。故郷にいる両親に、せめて最期だけは背中を向けずに東の方の故郷を向いて死んでいきたい、という意味だが、反逆者への見せしめといっても、あまりにも残虐非道な所業であった。これを見た人、聞いた人たちは涙を流して同情し、隆信の残忍さに、多くの民衆が憤激したのは当然であった。

赤星地蔵堂（みやま市高田町竹飯）

「赤星是ヲ聞ヨリモ、忿怒ノ気天ヲ衝《つ》キ、悲歎ノ涙血ヲ注キ、歩跣《かちはだし》ニテカケ出シ、八代《やつしろ》ニ至テ嶋津ニ見《まみ》エ、シカジカノ次第ヲ語リ出テ、且ハ悲ミハ怒リ、隆信討テ玉ハレト一同ニコソ頼ミケレ」（『筑後国史（筑後将士軍談）』）とあるように、ふたりのわが子を無残に殺された親の歎き怒りが伝わってくるようだ。

一方、田尻鑑種の籠城は一年三カ月に及んだが、天正十一年十一月二十七日、龍造寺との間にやっと和議が成立した。それまで一度和議の話があったが、居所や領分のことで決着がつかなかったのである。島原の有馬が島津に通じて不穏な動きをしていることも、龍造寺氏が田尻との講和にふみ切った要因とされる。この講和の仲介は秋月種実がした。同じ大蔵の血をひく同族田尻氏の滅亡を憂慮したからであろう。蒲池鎮並の二の舞いになっては、せっかくの籠城も意味がない。それに鍋島直茂は田尻のそれまでの軍功に対して滅亡させるのは忍びなかったから、田尻への和平を強く進めたのである。秋月はのちに島津に属して、大友方と戦うが、この頃はまだ龍造寺側であり、隆信父子の信任が厚く、筑前における相談相手であった。

十二月下旬、鑑種は鷹尾より堀切の出城に移り、同二十五日、龍造寺側から嫡子長松丸に対し堪忍分として新地二百余町があてがわれた。一方、応援の島津軍も鷹尾城から去って行った。

鷹尾城趾は矢部川の西岸にのぞみ、泰仙寺橋の北にある琴平神社と、人家を含む付近一帯を指す。ここは堤防から五メートルほど下にある平城だが、背後の矢部川を外濠として利用、外敵への工夫をこらしている。しかし、洪水などの水害対策にも苦心したことが想像される。

島原沖田畷の決戦

その頃、島津氏は日向を治め肥後へと勢力を伸ばし、肥薩の険を越えて相良領へ進攻、相良義陽《よしはる》を降して、次第に北上をはかる。島津は相良を先鋒に下益城郡御船の甲斐宗運と娑姿《さばがみ》神峰の見える響ケ原《ひびきがはら》(宇城市豊野町糸石)で戦わせた。その結果、義陽は宗運に討たれて死んだ。また隈本の城親賢は島津に屈し、肥後への先導をつとめた。

一方、島津義久の弟、義弘は阿蘇、甲斐らを降して肥後南部を制圧し、肥北の龍造寺圏内へと迫る。ここにおいて龍造寺の方も肥前国内をはじめ筑前の秋月、筑紫や筑後の草野、黒木、上蒲池、西牟田、高良山の座主などを動員し、三万七千の軍勢をもって出陣し南関（玉名郡南関町）に陣を布き、先手は合志に至り、高瀬、山鹿まで攻め入った。

島津義弘は御船に在陣していたが、龍造寺の軍勢来攻近しとみて、肥後国内の味方を糾合し、伊集院、新納、樺山、喜入、河上、福崎などの諸勢をもって対戦のため御船の陣を発った。このとき龍造寺に従っていた秋月種実の懸命な努力で、島津、龍造寺の間に和平が取り交わされ、肥後を二分して高瀬川より東南を島津領とし、西北を龍造寺領とすることで合意し、それぞれの国境に守備隊を置いて引き揚げた。なお島津の将上井覚兼《うわいかくけん》が書いた『上井覚兼日記』によると、このときの講和は、龍造寺方の懇望によるものと記されて、島津優位の印象を与える。さきに二子を磔殺《たくさつ》された赤星統家は何としても龍造寺に報復するため島津をたより、隆信討伐の際の先手を願った。一方、龍造寺配下の諸将の間に動揺が起こり、隆信への反感の輪が次第にひろがってゆく。天正十一年夏、島原半島の有馬晴信も表面は龍造寺との平和を装っていたが、島津軍の肥後出陣にともない、これと結んで佐賀に反抗した。このため龍造寺の本格的な有馬征伐が翌年に入って行われたのである。

天正十二年三月十八日、〝肥前の熊〟と恐れられた龍造寺隆信は島原半島で島津側に付いて反抗する有馬晴信を討つため須古の居城を出発、みずから肥前、筑後の兵三万余（一説に五、六万）を率いて出陣した。有馬の居城は日野江城（南島原市北有馬町）であるが、南北に縦長い島原半島は南の日野江より半島北端の神代《こうじろ》までは約十二里（四十七キロ）の行程で、神代、国見などの港は佐賀領の龍王崎と有明海を隔てて至近距離にある。

有馬氏は島原半島に本拠をもち、かつては小城郡（現・小城市）まで侵攻したほど勢力があったが、その後、隆信の出現によって侵略され、ついに有馬義貞（晴信の父）はその幕下となり、娘は龍造寺隆信の嫡子政家の妻となった。天正四年、キリシタン信者であった義貞が死ぬと、二男の晴信が家を継いで日野江城主となる。

晴信は縁戚の龍家に対して、決して心服していなかった。機会があれば、龍造寺の圧力をはね返し奪われた失地の回復を狙っていた。そして龍造寺と早晩激突する運命にあった島津をたよったのである。晴信はまず島内の龍造寺方の深江城（南島原市深江町）を攻撃して有馬合戦の口火を切った。島津はこれを応援する。有馬領内の有馬、深江の代理戦争から始まった戦火はバックの龍造寺・島津戦へと拡大されて、ついに島原半島での決戦を迎える。

有明海を渡った龍造寺の軍勢は、三月十九日島原半島北端の神代海岸に上陸、三会村《みえ》（現・島原市三会町）まで進撃し、それより南下して、二十三日には島原近郊に達し、前進の障害となる森岳城（後の島原城、島原市城内）を攻撃目標におく。隆信は有馬の防衛線ともいえる島原を一気に攻め落とし、晴信の本拠日野江城への通路を開こうとしていた。島原より北有馬までの行程はおよそ七里（約三十キロ）であり、早ければその日のうちに到着できる。

その頃日野江城にいた有馬晴信は、龍造寺軍の来攻近しとみて、老幼婦女子を避難させるとともに、あらかじめ島津義久に急使をもって援助を要請していたが、佐賀勢が島原近郊に達した二十二日になっても島津より救援軍の姿は見えず、城中は不安と焦燥で重苦しい空気に包まれた。史書には「有馬勢三千」とあるが、実際はこれより少なかったと思われる。龍造寺軍の一割にもみたない兵力であった。晴信は沈欝さを払いのけるように、「酒をもて、三味をひけ！」と命じ、太鼓を打たせて士気を鼓舞した。

一方、島津側では、初め有馬救援をめぐって重臣らの間で論議がたたかわされた。「たとえ万の兵を送っても、龍造寺は大軍、地理不案内の旅軍では勝ち目は少ない。不利な島原出兵は中止すべきである」という声が多かった。当主島津義久は黙ってこれを聞いていたが、やがて口を開くと、「古来、武士は義をもって第一とする。島原への道は遠いが、当家を慕って一命を預けてきた者の危急をなんで見殺しにできようか。もちろん、三千、五千の兵を送ったとて勝つとは思えないが、これを黙って見過ごすことは仁義の勇に欠けよう。戦は兵の大小で決まるものではない。率いる将の智略と兵の勇烈が一致すれば、小をもって大に勝つこともできる。そこで小勢ながら決死の精兵をおくり、有馬を救援したい。作戦については各自よく判断せよ」（『北肥戦誌（九州治乱記）』）と。

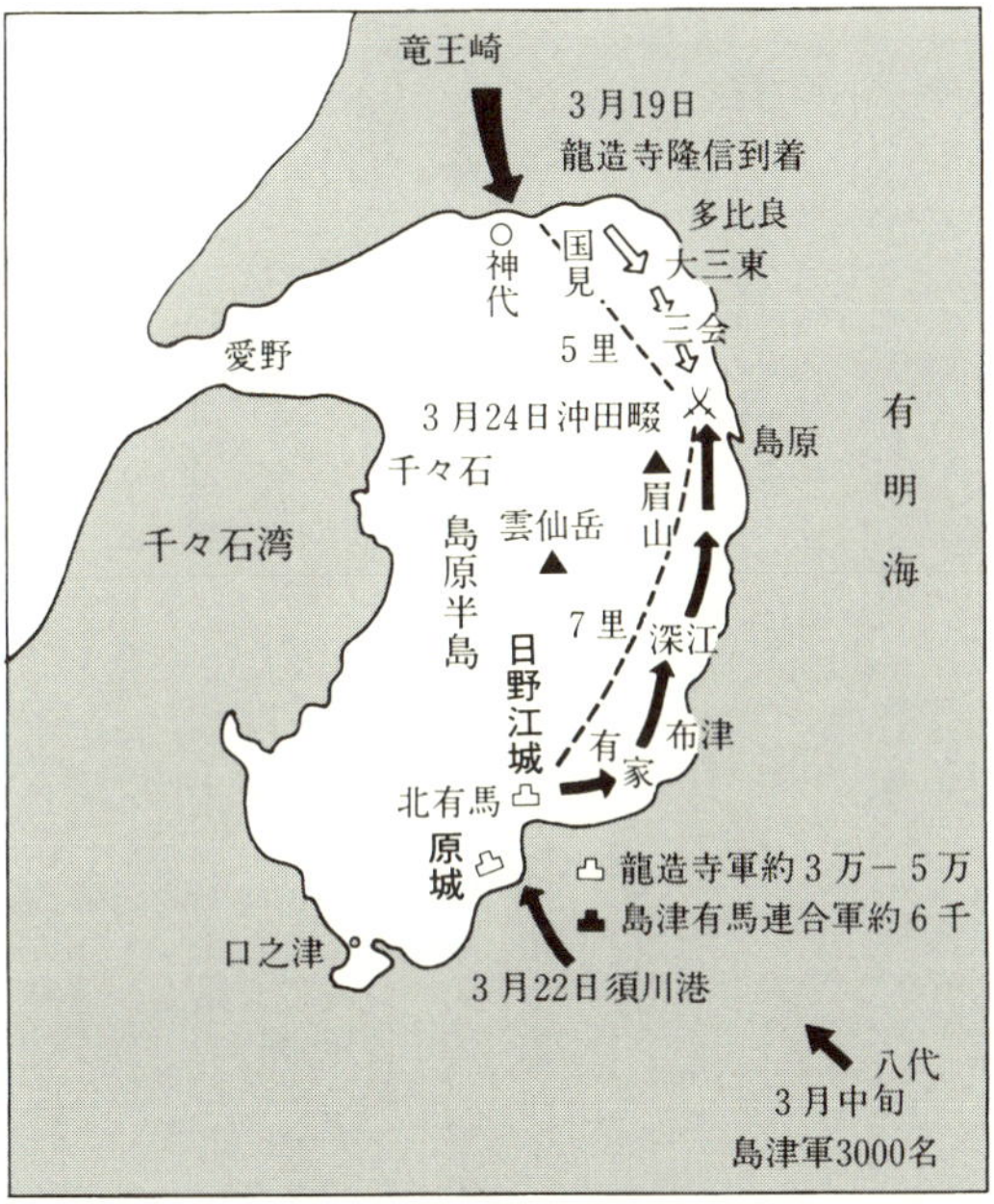

龍造寺・島津両軍進撃図
（天正12〈1584〉年3月24日決戦まで）

義久のこの言葉で有馬派兵が決まり、派遣軍の大将として義久の弟で戦上手の智将島津家久が選ばれ、一族の島津忠長・新納《にいろ》忠元・伊集院忠棟《ただむね》が軍監となり山田有信・鎌田政近・川上左京亮《さきょうのすけ》らの精鋭三千と、前年ふたりの子を隆信に殺されて怒りに燃える赤星統家の一党が加わり、三月中旬、八代の港を出帆した。島津軍は舟の手配や食料、武器などの積み込みで出船に日数を費やしている。島津の船団は各軍分散して渡海したが、当時季節風が吹き荒れ海上が時化《しけ》たため、途中天候の回復を待ち、予定より遅れて二十三日、日野江城に入ったものと考えられる。

島津軍の来援で有馬勢はたちまち生気を取り戻し、晴信は決死の救援に感謝し、協力して敵に当たることを誓った。大将島津家久は、ことごとく船の纜《ともずな》を断ち、全将兵に死を覚悟させて、背水の陣を布いた。また籠城すれば、敵に包囲され糧道を断たれる危険があるので、城外で戦う積極戦法を取った。だが、小勢で大軍と戦うには平地では不利なので、敵大軍が自由に行動できない場所に誘い込むことが勝敗の鍵を握ることになった。そのため迎撃の場所をどこにするかということで作戦会議をしたが、家久は有馬方の意見を聞き熟慮のすえ、島原北方二キロの沖田畷と決めた。

龍造寺隆信の最期

当時の島原は前山（眉山）の山麓より海までの約三キロの間は沼沢が多く、葦が茂った牟田（深田）であり、そのほぼ中央を二、三人が並んで通るのがやっとの畦《あぜ》道が、海際から二百メートル程のところを帯状に細長くつづいていたという。沖田畷は前山から有明海に向けて、まっすぐ下ったところの湿地帯であった。

家久は軍を三手に分け、山際を新納忠元以下千名、中央は先鋒となった肥後の赤星一党五十名に家久が率いる千名、また南の森岳城に有馬晴信の兵五百を配し、東の浜際に伊集院忠棟の千名を配置し、森岳の麓から海岸にかけて柴垣を築かせ、中央の道の前面に大城戸《きど》を構えた。さらに、山際と海岸の東西に伏兵を置き、中央部隊と連携して一度に挟撃し、その混乱に乗じて一気に敵本陣へ迫り、大将龍造寺隆信の首を取る必殺戦法がたてられた。

一方、隆信は軍を二手に分け、鉄砲千挺・槍・刀・弓矢に大砲まで備えた八千の軍勢を中心にし、自分は旗本を率いて山手から攻撃することにしていたが、小高い所から望むと、敵勢があまりにも少ないのを見て侮り、合戦の日の未明になって、五陣三手の陣形を急に変更し、中道の鍋島軍を山際に向け、自ら中央に回る陣替えをしたので軍中はざわめいて落ち着かなかった。

こうして二十四日早朝、隆信は全軍に向かって進撃を命じた。途中、有馬の前衛、森岳城を蹴ちらして、そのまま有馬まで押し寄せるつもりであった。隆信は島津・有馬の主力はあくまで本拠の日野江か原城（南島原市南有馬町）に待機しているものと考えていた。敵に対する情報蒐集を全くしていなかったのである。

先鋒の太田兵衛の隊が森岳前方約一キロの地点まで近づいたとき、初めて島津の旗印がちらちら動くのを見て驚いた。すでにこのとき島津軍の布陣が完了して、待ち伏せしていることに気がつかなかったのである。敵の斥候と思って侮り、「蹴《け》ちらして軍神の血祭りにせい」とそのまま隊列を変えずに銃撃を浴びせて押し通った。島津軍は弱々しく引き下がって行く。龍造寺の軍勢は勢いに乗って柴垣めざして一本道に殺到してきた。

この時点でも隆信はまだ島津軍の位置をしっかりつかめなかった。知らず知らずのうちに、主力は深田のつづく中道に誘いこまれ、完全に島津軍得意の「釣野伏《つりのぶせ》」の戦法にはまった。このとき島津の銃がいっせいに火を噴いた。先頭の太田兵衛の隊がバタバタと倒れ、隊将太田も眉間を撃ち抜かれて戦死。それを助けようとする二陣も、左右が泥地で思うように動けない。狭い道で暴れ出す馬、甲冑・武具・旗などが触れあって動きがとれず、それに後続部隊が後から後から押しあげてくるので、反転して引き返すこともできず、しゃにむに前進のほかはない。そこを狙って島津・有馬の銃弾が容赦なく撃ち込ま

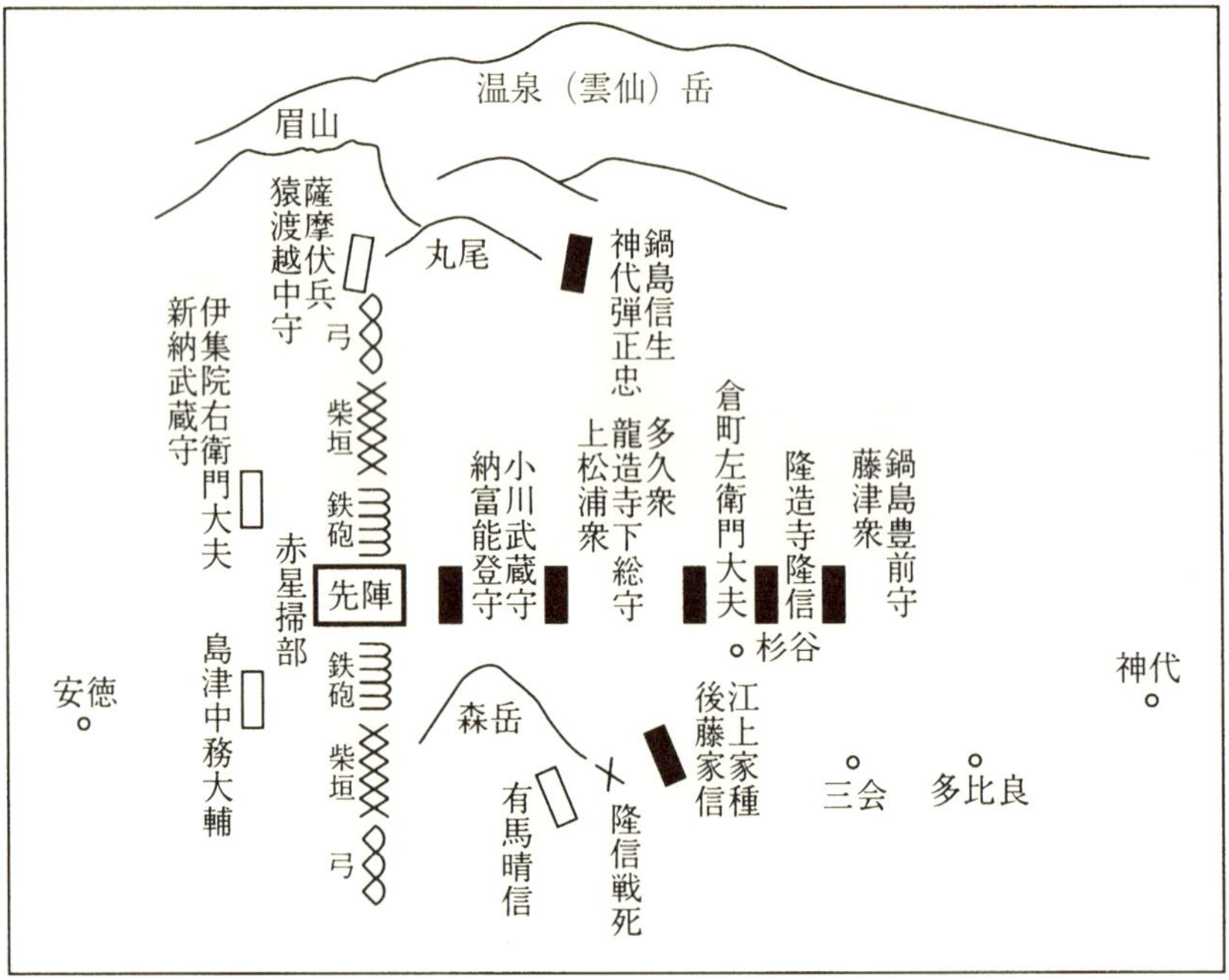

沖田畷の龍造寺、島津両軍布陣図

れる。そのたびに多くの兵がバタバタと倒れていった。まさに地獄であった。

隆信は先陣がこんな惨状にあるのを知らず、一向に進まぬ隊列に腹を立て、側近の者に偵察させたが、その使者が「先手が進まぬので、後陣がつかえて大将がご立腹でござる。しゃにむに押し進まれよ」と触れ回ったので、先陣の諸将はいきり立ち、「われらにそれほど死ねと言われるなら、ただ今ここにて討ち死致さん」と叫んで、部下を叱咤して前へと出て、自分から島津の銃火を浴びて死んでいった。深田の中には累々と死骸が折り重なって倒れ、もがき苦しんでいる者など凄惨な状況となった。それでも龍造寺の兵たちは道に横たわる味方の屍体を乗り越え、踏みつけて進み、正面の島津家久の軍に向かっていった。

やがて家久の軍配が高く振られ、それを合図に決死の薩摩隼人がいっせいに抜刀して龍軍に襲いかかった。この中には肥後の赤星が率いる赤装束に縄たすきをした一団もあった。すでに隆信の旗本も投入され、戦況は龍造寺側にとって刻一刻と不利な状況になった。

このとき、西の山際でじっと待機していた新納忠元の率いる千人の部隊が、横あいから突いて出た。さらに、東の林の中から伊集院忠棟の千人がどっと襲いかかったので、龍造寺軍は逃げ場を求めて大混乱に陥った。われ先に逃げようとする敗走の兵たちがぶつかり合って、収拾のつかぬパニック状態となった。山手にあった鍋島直茂は、島津の将猿渡越中守と戦い、その子弥次郎を討ち取ったが、味方の敗北に押されて崩れたち、支えきれずに敗走に移った。

前山一帯に低く垂れこめた暗雲は戦い半ばより雨となり、霧が流れて遠くかすみ、戦場は濃い靄《もや》に包まれていった。打ち破られた旌旗や武具は雨に打たれて散乱し、霧の戦場を人馬のどよめきが覆った。

龍造寺隆信戦死の地、沖田畷の供養塔
（島原市北門町）

隆信の四天王といわれた成松遠江守《なりまつとおとおみのかみ》は、郎党を指揮して隆信を守っていたが、群がる敵に対し、これを支えることができず、ついに敵刃を受けて戦死。危険とみた部下のすすめで、隆信は畦道伝いにのがれたが、農家の庭先に馬を乗り入れ、まごまごしているところを島津の隊将川上左《かわかみさ》京亮《きょうのすけ》が追いつき、馬上の隆信に名乗って一瞬早く下から隆信の向こう脛《すね》を斬り払ったので、そのまま馬からどうっと落ちたところを島津の兵が群がるようにして首を奪った（『陰徳太平記』）。

また別の書には、馬から降り、床几《しょうぎ》に腰掛けていた隆

高伝寺の龍造寺隆信の墓（佐賀市本庄町）

信を見つけた左京亮が近づいて、「龍造寺隆信殿とお見受けした！」と叫んで、自分の姓名を名乗り槍で突き倒した。これを左京亮の家臣万膳仲《まんぜんちゅう》兵衛《べえ》が駈け寄って首を斬り落としたとある。このとき隆信は従容として動かなかったといわれる。隆信ときに五十六歳。その時刻は未の刻（午後二時頃）としている。なお鍋島直茂はかろうじて脱出、舟便をえて柳川に生還している。

隆信は当時、肥大漢で高血圧の症状であったといわれるが、馬に乗れず六人かつぎの駕籠に乗って移動し、床几に掛けて指揮を取った。と宣教師フロイスの書簡は記している。ルイス・フロイスは「沖田畷より三キロに至る平野に二千を超す屍《かばね》あり」と報告しているが、大友氏の耳川敗戦と同様、龍造寺氏のこの沖田畷の敗軍は、それまで九州三分を誇った勢力から一転して衰退、滅亡への引き金となった。

隆信の首は、佐敷《さしき》（熊本県芦北郡芦北町）の島津義久の本営に送られ首実検に供されたが、のち高瀬の願行寺に葬られ、さらにその後、佐賀市本庄町の高伝寺に改葬されている。

およそ戦国大名で、戦場で首を討たれたのは今川義元と明智光秀、それにこの龍造寺隆信の三人ぐらいであろう。島津の将、長谷場越前が記した『長谷場越前自記』には、戦いのあと、島津軍は敵味方の戦没者供養を現地で盛大にとり行ったとしている。地元の人でもあまり知らなくなったこの沖田畷の隆信戦死の場所に佇《たたず》めば、松林から見える有明海のきらめきと違って、暗い陰欝な気配をただよわせている。

なお『北肥戦誌（九州治乱記）』には、筑後の戦死者として田尻但馬《たじま》入道了哲《にゅうどうりょうてつ》（田尻一族）、西牟田紀伊守統実（西牟田播磨守弟主従十七人）、塩塚備後守などの名が記されている。田尻了哲は、龍造寺が鷹尾城を攻めたとき、田尻鑑種の一族として江浦城（みやま市高田町）を守って一歩も退かなかった勇将であったが、和議成立後は鑑種同様再び龍造寺に属したのである。

敗戦後、鍋島直茂は龍造寺家老臣一同の懇請を受けて、政家を補佐して国政遂行の任に当たることになり、柳川城から佐賀城へと移った。代わって柳川には龍造寺家晴が入城した。

大友軍の筑後出陣

主戦場になった筑後

沖田畷で龍造寺軍が敗れると、がぜん筑後が主戦場となってきた。島津軍はいぜん肥後南部にあったが、戦勝の余勢をかって佐賀進攻への動きを見せていた。しかし鍋島直茂は島津に対して、戦死した隆信の首の受け取りを拒否して断固とした態度を示したため、島津は佐賀攻めをためらい、ついに危機は回避された。

天正十二（一五八四）年、島原敗戦後の龍造寺家は、柳川城から鍋島直茂を佐賀へ移して執政となし、家中の立て直しをはかった。肥後南関にいた龍造寺家晴が柳川に入り、上蒲池、黒木、西牟田、草野、星野、問註所（鑑景）らは依然として龍造寺の一味であった。かれらは今まで同様に異心なき旨の神文を、それぞれ次のように龍造寺に送って心底を表している。

天正十二年四月五日　肥後国小代伊勢守親傳の老臣荒尾摂津守家経が別心なき旨の神文を送る。

同　　年五月二十日　大村丹後守純忠が同じく神文を送り、人質として同名右衛門大夫家秀を差し出す。

同　年六月二日　肥後国隈部但馬守親永、同嫡子式部大輔親泰が同じく神文を送る。

同　年六月二十四日　筑後の黒木伯耆守家永が神文を送る。

同　年八月二十日　筑後国辺春薩摩守紹心、同名下野入道宗胤、神文を送る。

一方、大友義統もまた龍造寺敗戦の虚をついて、失地奪回のチャンスとばかり、豊後国内の兵を駆り集めて義統の弟田原親家・親盛を大将に、一族の巧網《くたみ》宗歴、志賀道輝をはじめ田北・木付・臼杵・大津留らを隊将として七千の軍勢をもって筑後へ進撃させた。これらの諸将は翌年まで筑後に在陣して龍造寺軍と戦う。

勝落寺の問註所一族の墓（うきは市浮羽町流川）

　これに対して鍋島直茂は、鷹尾城（柳川市大和町鷹ノ尾）開城後、龍造寺に帰属していた田尻鑑種に筑後方面の守備を命じ、田尻、亀尻、海津の三か村の知行を従前のように与えた。田尻鑑種は再び手勢をもって筑後に渡り海津城（久留米市安武町武島）に入った。

　当時、筑後国内の大友方の有力城主といえば、生葉郡長岩城（うきは市浮羽町新川）主問註所統景と矢部の高屋城（八女市矢部村）主五条鎮定のふたりぐらいであった。かれらの城はいずれも要害の地にあった。生葉郡の問註所氏は、刑部少輔統景

長岩城趾見張りのあった巨岩（うきは市浮羽町新川）

と治部少輔鑑景の一族が、大友・秋月にそれぞれ従属して対立し、互いに攻防を繰り返していた。

とくに統景の拠った長岩城は、新川の上流新川村にあり、渓谷に沿って巨岩が立ち並ぶ。いずれの巨岩も天に咆哮するかのように約二十メートルの断崖が屹立する。三カ所の巨岩はそれぞれ孤立していて、岩から岩へは渡れない。わずかに岩の外壁に人ひとり身体を縮めて通れる岩道があり、戦国の頃も見張りのためここを登攀《とうはん》したのであろう。登山の心得がないと、とても登ることができない。長岩城は、この巨岩を前衛として後方の山中にあったという。浮羽の町から一の瀬を過ぎ南へ約十二キロ、標高五百メートル余の人里離れた山中で、訪れる人もまれなところである。

問註所氏は本姓三善、鎌倉幕府の行政機関問註所を司っていた役人であったが、筑後に下向して、この地を領したのが始まりといわれている。城砦は長岩のほか、一の瀬や西方の菩提寺、勝楽寺（標高四、五十メートル）一帯も含まれていたと思われる。統景の父、鑑豊は無二の大友方として永禄七（一五六四）年、侍島（筑紫野市下見）の合戦で筑紫惟門と戦って戦死した。のちに大友の将、立花道雪の室となる仁志姫は、この鑑豊の娘である。またその間にできた一人娘誾千代の婿養子になるのが、のちの柳川城主立花宗茂である。統景はこの天険の長岩に拠って龍造寺、秋月勢と戦って屈しなかった。この統景の永年の忠功に対して、大友義統はその後、一族待遇の同紋衆に列している。

耳川の敗戦以来、大友家は衰退を辿り、この筑後出兵にやっと七千の軍勢をかき集めて出陣した。これがその頃の大友家の精一杯の力であった。大友方が筑後で浮上できたのは、龍造寺隆信戦死による状況変化と、筑前で側面から協力する立花道雪、高橋紹運両将の兵略と、さらにキリスト教会側の援助があったと考えられる。龍造寺の勢力が衰退した今、大友軍は予想される島津軍来攻の前に筑後の拠点を確保しておかねばならなかった。

猫尾城攻防へ

天正十二年七月上旬、豊後軍は玖珠《くす》・日田を通って生葉郡に攻め入り、問註所統景を案内として妹川《いもがわ》谷から北川内に進み、猫尾城（八女市黒木町北木屋）の攻略をめざした。

猫尾城趾は黒木町の東にあり、城趾は黒木川（矢部川）と椿原川《つばはら》（笠原川）の合流地点に突出した猫山（二四〇メートル）の山頂にあった。現在、国の天然記念物に指定されている〝黒木の大藤〟の藤棚の先から左に入り、黒木中学校の前から右手の急坂を旋回するように登ると、かなり広い二の丸、三の丸の跡に出る。それより四、五十メートル登りつめれば本丸跡がある。本丸は南北五十六メートル、東西二十八メートルの広さで、周辺は石垣と曲輪《くるわ》である。無造作に組まれた算木積（井桁積み）みの遺構から中世山城の威容がしのばれる。本丸入り口には冠木《かぶき》門と左右に櫓が立っていたと想像される。本丸奥は一メートルぐらいの高さの石垣が残り、石段の上にお堂が建っている。ここが戦時の城主の居館になった場所であろう。本丸跡から俯瞰すると、眼下に矢部川が銀色に光り、黒木の町が一望に見える。山麓の黒木中学校の一帯が陣の内と呼ばれる城主の平時の居館跡である。

猫尾城は、初祖黒木助能《すけよし》以来数百年にわたる黒木氏の本城で、南北朝以来の伝統と誇りをもつ武勲の家柄であった。別称を調《しらべ》ともいい、河崎、星野氏らは同族であり調党である。

城主黒木家永は当時龍造寺へ嫡子四郎匡実《まささね》を人質に差し出していたので、いまさら大友に降ることができなかった。大友方も矢部川流域最大の龍造寺方の拠点、猫尾城を落とせば、周辺の諸城は期せずして降るものと思っていた。だが、龍造寺も黒木救援のため、倉町近江守、久布白《くぶしろ》又衛門をはじめとし、銃砲隊を含む数百人の援兵を送ってきた。

一方、島津義久の弟義弘は居城真幸院《まさきいん》の飯野城（えびの市飯野）より兵を進めて肥後吉松に入り、さらに北に進んで天正十二年九月十日には肥後隈本に達し、同二十四日高瀬に入った。いよいよ九州統一をめざして筑後、筑前への北上の態勢を取り始める。このとき、筑前の秋月、原田、筑紫や筑後の星野、草野ら、また肥前の龍造寺政家さえも質を出して、島津幕下となった。太宰府天満宮の大鳥居信寛も使僧を遣わして島津軍を慰問している。島津の将、上井覚兼の日記に「天正十二年十月十四日（中略）天満宮大鳥居信寛法印より使僧預候」と記されているが、恐らく筑前の地が戦火をこうむることを予想して、天満宮への災禍を未然に防止しようとしたことからであろう。

七月初め、酷暑の中を大友軍は黒木二千の兵が守る猫尾城を包囲した。矢部の五条鎮定や上妻、稲員《いなかず》らの親大友派は黒木攻略戦に参加した。激しい攻防戦が昼夜にわたってつづけられ、龍造寺の援軍は猫尾の三の丸の所に塹壕《ざんごう》を掘って、四方から攻めかかる大友軍に銃火を浴びせた。戦はひと月余りに及んだが、黒木勢の反撃は猛烈で、兵力に優る大友軍もしばしば敗退して、攻撃は中断される始末であった。豊後軍の城攻めの指揮者は、一部を除いてほとんど若い部将たちで、実戦の経験も浅く戦術に不馴れなせいもあった。

猫尾城趾に残る本丸の石垣（八女市黒木町北木屋）

大友義統は、いつまで経っても落とせない黒木攻めの状況に業を煮やし、筑前で原田、秋月、筑紫らを相手に奮闘していた立花道雪と高橋紹運の両将に知らせて出陣を促した。立花、高橋両将は今や大友軍の切り札といえる存在で、ともに数えきれない多くの戦歴と勇烈な兵略で知られていた。かれらは筑前にあって互いに連携して、着任以来十数年にわたって敵の侵入を許さなかったのである。その陰には日頃、両将が立花、宝満、岩屋の自城を守りそれぞれ民政に意を注いで、周囲の情報に気を配っていたからであろう。

両将は義統から出陣の命を受けると、直ちに兵を動員して八月十四日、太宰府に集結して軍議を定め、同月十八日の夜半、高橋軍が先陣、立花軍が後陣となり、両軍合わせて約四千五百の軍勢で太宰府を出発した。

黒木までの行程は約十五里（約六十キロ）で、その間筑後川を渡り、耳納《みのう》の険を越えねばならない。途中はすべて敵地であり、味方といえばわずかに長

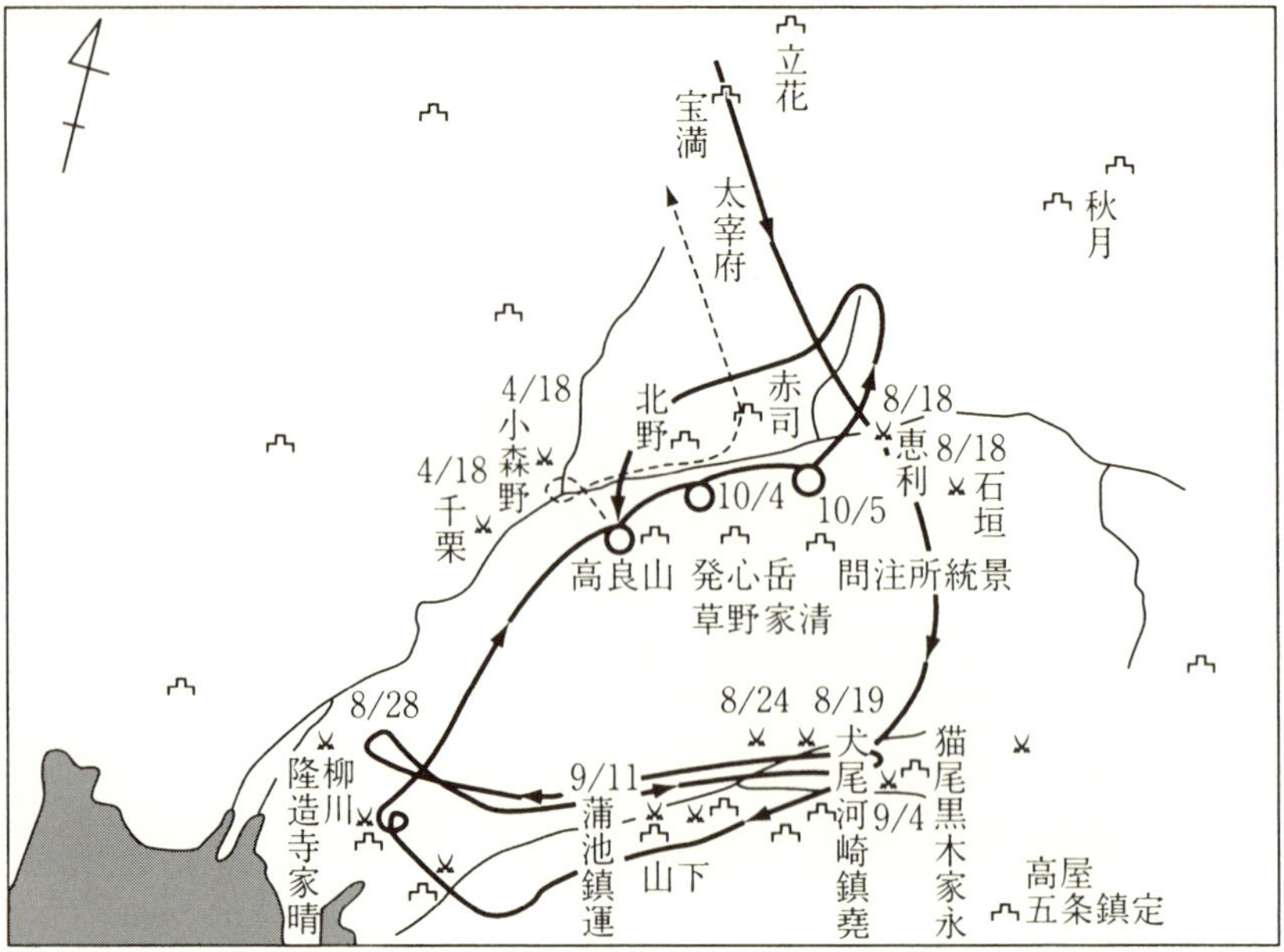

立花・高橋両軍筑後進攻コース（天正12〈1584〉年８月18日－13年９月14日）

岩の問註所だけである。その問註所統景も星野、秋月に備えているので、頼りにならない。山隈、三原を過ぎ片瀬から渡河して、隊列をととのえ、耳納山を越えた。耳納連山は東西約五里（約二十キロ）にわたり五、六百メートル級の山々が筑後川に沿って帯状に走っている。立花、高橋両軍は、田主丸から石垣を過ぎ耳納の高峰鷹取《たかとり》山（八〇二メートル）を越え、鹿里、小野河内を過ぎ笠原の高牟礼《たかむれ》（現・八女市黒木町）を第一目標にした。

十九日夕方黒木領へ進入し、猫尾の支城高牟礼を前にして山上で野営したが、この夜風雨激しく陣中を吹き濡らした。道雪、紹運の両将は篠突《しのつ》く雨の中を徹宵《てつしょう》して見回り、兵を慰労し、自らは眠ろうともしなかった。

翌日、天候も回復したので使いをもって黒木在陣の諸将へ着到を知らせた。豊後の諸将たちは、いかに勇敢な両将でもまさか十五里の敵中を突破して無事着陣できるとは思っていなかったので、夢かとばかり驚くとともに、これに勢いを得て士気は奮い立った。

　猫尾攻撃を前にして、両将はまず高牟礼城を守る黒木の家老椿原式部《つばはらしきぶ》に対して内応工作を進めたので、二十四日に至りついに降伏した。また高牟礼を守っていた龍造寺の将、土肥出雲は城から逃れ去った。つづいて同族の犬尾城（八女市山内）主河崎鎮堯《しげたか》も降り、二十五日には河崎の権現山に陣を替えている。高良山座主良寛、大祝《おおほうり》保真《やすまさ》、上妻鎮政、甘木家長、稲員安守らも大友軍に力を合わせて働いた。だが龍造寺方もこれに援軍を送ったので激戦となり、道雪の弟戸次右衛門大夫は流れ弾に当たって戦死した。

黒木家永自刃

　大友軍は、佐賀勢を排除しながら二十八日には坂東寺（筑後市熊野）に入って西牟田家親を城島に攻め、海津（久留米市）、酒見、榎津（共に大川市）などの集落を焼き払った。さらに両将は豊後の諸将と軍議を定めて、いよいよ猫尾城攻撃にかかった。新たに筑前勢が加わったので、攻撃は一段と熾烈になった。黒木周辺の城が次々に開城したので、今や孤立した黒木家永は最後の死力を尽くして防戦した。援軍もないまま、七月以来二カ月にわたって持ちこたえたが、連日城中に撃ちこまれる鉄砲や大筒の激しい攻撃で、婦女子の恐怖は一層つのり、城中のあちこちで泣き叫ぶ声は、この世の地獄かと思われた。すでに糧道や水の手も断たれて飢餓が迫っていたが、九月五日に至り大友軍の総攻撃を受け、家老椿原式部が大友軍を城中に引き入れたので、ついに家永は悲憤の涙をのんで自刃した。

　家永自刃については、山口県立文書館所蔵の『毛利秀包記』に「彼麟慶《かのりんけい》（圭）内方は黒木備前守息女ニ而候。彼黒木事、豊後大友公へ度々たてつき申付而、御人数被差向候へとも、黒木城以之外《もってのほか》難所故落城不仕付《つかまつらずにつき》、大友御家老戸次道雪次男をむこニ被仰付《おおせつけられ》、祝儀《しゅうぎ》相調《あいととのえ》候其夜多勢を以御討果し被成候、黒木手勢壱人も不残《のこらず》討死仕、黒木、三番目娘歳十三ニ罷成《まかりなり》候を召連、二階へ取上り数人切臥《きりふせ》、其後切腹仕候。彼娘父がかいしゃく仕《つかまつり》、其刀にて敵壱人切父の首と刀を二階より下へなげ申候。其後彼娘を生《いけ》捕《どり》にして麟慶方へ被成御渡候《おわたしなされそうろう》。彼娘後肥前鍋島殿御家来大木兵部輔女ニて候」とあり、文中黒木備前守とあるのは、兵庫頭家永のことであろう。

乱世とはいえ、十三歳の娘が父を介錯して首を打ち落とし、刀とともに二階から敵に投げつけたという記事は、この山紫水明の静かな黒木の里に起こった事件として余りの凄絶さに慄然《りつぜん》たるものがある。

かつて筆者は、黒木町文化財専門委員会長（当時）の和田重雄氏の案内で城趾を踏査したが、中世山城の中でこれほど無垢な環境をもつ城趾は珍しく貴重な史蹟と思った。町当局において城趾を観光化せず、自然のままの環境保全を願ってやまなかった。

なお猫尾城の規模を付記しておく。

（本丸）　標高二百四十メートル、南北五十六メートル、東西二十八メートル
（二の丸）標高二百十メートル、三十メートル四方
（三の丸）本丸の東下十五メートル、南北三十メートル、東西五十メートル
（馬　場）二の丸東南北十八メートル、東西四十メートル
（空　堀）本丸の東南北二百メートル
（総面積）一万九千八百五十平方メートル（約六千坪）

「五条文書」によれば、五条鎮定家中が黒木攻略戦に参加していることがわかる。

前廿、至黒木《（実久）》兵庫頭要害猫尾取懸、里城被打崩之刻、自身依被砕手、鎮定《（五條）》家中之衆、軍労深重之段、以軍忠状承候条、加袖判進之候、今度御粉骨之次第、無比類候、必取鎮、一稜可顕其志候趣、猶宗歴《（朽網）》可申候、恐々謹言

（天正十二年）八月五日　　義統《（大友）》（花押）

五条（鎮定）殿

黒木落城後は豊後の将、田北宗鉄《たきたそうてつ》が守り、また内応の殊勲者椿原式部に高牟礼城をまかせた。つづいて九月八日、大友軍は山下城（八女市立花町北山）を攻めるため禅院村に陣を移し、白木川を渡って山下城を攻めたので、城主蒲池鎮運は和を乞うて降った。彼は既に大友側に通じていたから城への攻撃はなかったのであろう。大友の三将（朽網宗歴・高橋紹運・立花道雪）より蒲池鎮運への書状（七月廿五日付）に、「鎮運御進退万事お気仕《（遣）》い無きよう」とあり、また所領安堵への処置が記されている（「蒲池文書」）。大友軍は、さらにそれより下筑後に転じて坂東寺に陣を取り豊後の田原親家（大友義統の弟）と軍議して、西牟田、酒見、榎津一帯の民家数百軒をことごとく焼き払い、山門郡内の龍造寺方の諸城を攻めた。佐賀から境目番として旧領鷹尾周辺を守っていた田尻鑑種、鎮種父子はこの時佐賀に行って不在であったが、守備兵は大友の大軍を見て城を捨てて逃亡してしまった。

豊後から来た大友諸軍の働きに比べ、立花、高橋両将の率いる筑前勢の活躍はめざましく、豊後の諸軍は何かと精彩を欠く感があった。なお『大友興廃記』には、大友軍の大将を戸次紀伊入道道雪、高橋紹運、朽網三河入道宗歴の三人としている。

大友軍の筑後進攻は、失地回復について局地的効果はあったが、柳川周辺の龍造寺勢を掃蕩《そうとう》するまでには至らなかった。

とくに柳川城は、沖端川と花宗川の水路が入りこんで、泥沼の湿地帯が自然の要害をなし、難攻不落をうたわれ、肥前方の拠点であった。城主龍造寺家晴は空閑《くが》、内田、犬塚、草野家清らの軍勢とともに、固く守って城外に出なかった。

家晴は籠城に備えて、周囲六十余町の稲をことごとく刈り取って城内へ運びこませ、海辺には数十艘の番船を繋いで敵を寄せつけず、数カ所の端城を構えて本国佐賀への通路を確保した。なかでも蒲船津城（柳川市三橋町蒲船津）を守っていたのは百武《ひやくたけ》志摩守の未亡人円久尼であったが、夫志摩守の島原戦死後、鍋島直茂の命で、この蒲船津の城を預かっていた。

この女城将は、背が高く髪を長くした、大力の持ち主で、荒馬をよく乗りこなし、大友勢が攻め寄せると聞いて、城兵に部署を固めさせ、自ら大長刀《なぎなた》（薙刀）を携えて、城戸口《きどぐち》に出て部下を指揮し、勇敢に戦ったので、大友軍もこれを陥落させることができなかったという。戦国時代でも、女性は弱い立場にいる者ばかりとは限らず女丈夫もいた。

薩摩の名将島津忠良（日新斉）の母常盤《ときわ》や、龍造寺隆信の母慶誾《けいぎん》、あるいはこの百武円久尼、立花道雪のひとり娘で立花宗茂を養子に迎えた誾千代《ぎんちよ》、豊後鶴崎城（大分市鶴崎）の女城主、吉岡妙林尼、彦山の女座主として千余の山伏を統率した秋月種実の孫昌千代など、いずれもみな乱世に身を置く知勇の女性であった。ただし烈女であるがゆえに家庭的に不幸になった誾千代などもいる。

一方、大友軍の柳川攻撃ははかどらず、道雪、紹運や豊後の諸将も攻めあぐんでいた。そこで柳川押さえの兵を残して、十月三日いったん高良山に陣を移した。高良山座主良寛は弟麟圭と大友、龍造寺にそれぞれついて対立していた。

翌十月四日、草野家清の居城、発心岳の城（久留米市草野町）を攻めたが、問註所の一族鑑景は草野家に加勢して入城し、ともに防戦する。発心岳は耳納連山の中でも高峰で、天険をもって知られる。それまで草野氏は、吉木村の竹井城（久留米市草野町吉木）を居城としたが、防禦に弱いこの城から発心岳へと移っていた。大友軍はここも落とすことができず、やむなく敵方の星野、問註所（鑑景）の領内を荒らして秋月領に攻め入り、甘木辺りまで焼き討ちして高良山に帰陣した。

すでに天正十二年も終わろうとしていた。「高橋紹運記」や『北肥戦誌（九州治乱記）』によれば、このとき豊後軍は長期の旅陣に飽くとともに、自分たちがいくら働いてもそれは立花、高橋両将の手柄になってしまうのが多いのを不満に思い、筑後の陣を払って豊後へ引き揚げていった。

道雪、紹運は「豊後もそこまで落ちぶれたか」と言って嘆息したとある。だが、朽網、志賀の老将はさすがに若い武将たちとは違って、最後まで立花、高橋軍とともに戦った。豊後、筑前の大友連合軍は、高良山を中心に、山麓の三井郡北野村（現・久留米市北野町）一帯に布陣して越年した。翌天正十三（一五八五）年、大友、龍造寺両軍は高良山下で戦ったが、立花、高橋両軍の奮戦が目立ち、局地的には龍造寺勢を破ったが、決定的勝利が得られず、そのまま対峙の状態となった。

『浅川聞書』によると、この戦いのあった頃、道雪の部下三十余人が、長陣のため帰心押さえがたく、家族に会いたさのあまり、こっそり陣中を抜け出して立花に帰ったことが道雪に知れた。道雪はこれらを陣中脱走者とみなして、家族もろとも斬罪に処して軍法の厳正を示した。たとえかわいい家臣でも軍法を犯す者はこれを許さず泣いて馬稷《ばしょく》を斬ったのである。

立花道雪本陣となった北野天満宮（久留米市北野町）

名将道雪の死

その頃、島津は肥後国内の大友、龍造寺方の諸城を平定しつつあったが、甲斐相模守、満永宗甫《みつながそうほ》らの反島津勢力は御船や津守の城に拠って頑強に抵抗していた。やがてこれらを降して筑後へ進攻してくるのは時間の問題であった。筑後在陣の立花道雪や高橋紹運をはじめとする豊、筑の大友連合軍が、いかに躍起になって戦っても態勢はどうにもならない状況にあった。

目に見えぬ島津の圧力がひたひたと筑後の地を覆いつつあった。ここにおいて龍造寺政家は肥後を放棄し、秋月、原田、筑紫、星野、草野らと同列の島津配下になった。また筑前の宗像、麻生らも島津に従属することになった。九州統一への戦いは島津、大友に集約されてきた。

大友氏が耳川敗戦後、再起不能の状態から筑後遠征できるまでに回復できたのは、キリスト教会側の援助があったことを見のがすことはできない。豊後はその頃九州におけるキリシタン布教の一大拠点であった。教会堂、病院、学校などすべて本国から送られてくる資金によってまかなわれた。キリシタンが大友氏の保護を受けていたように、大友家もまたキリスト教会側から敗戦復興の援助を受けたことも、両者の関係からみれば当然といえよう。そして敗戦後の大友家の武威をある程度持続できたのは立花道雪、高橋紹運らの粉骨の働きによるものであった。大友家にとって道雪は偉大な存在だったのである。道雪は戦に強かったばかりでなく、資性端直、宗麟をもしばしば諫言し、領地の民政に意を用いた智勇兼備の将であった。かれがいるため、肥前の熊、龍造寺隆信も博多以東に進攻することができなかった。道雪は親子ほども年下の高橋紹運と手を組んで、筑前の城を守って大友家のために尽くしてきた。

このように忠誠一途な道雪だったが、長期にわたる戦陣の疲れからか、六月初めに陣中で発病した。連日の酷暑で道雪は苦しんだという。その後、幾分持ち直したかと思われたが、九月に入って容態が悪化し、同十一日、ついに北野の陣中で高橋紹運らに見守られながら七十三歳の生涯を閉じた。

道雪は死ぬ前、柳川城を落とせなかったのがよほど口惜しかったのか、小野、由布らの老臣に、「自分の死後、遺骸に甲冑《かっちゅう》を着せ、柳川の方に向けてこの地に埋めよ」とまで言っている。だが養子宗茂は遺骸を敵地に置くのは忍びないとして、立花山麓の梅岳寺に葬った。のち立花宗茂が柳川に入ってから福厳寺を建てて義父道雪の霊を祀った。

戦国武将の食生活

この時代の筑後地方や各国の武将たち、あるいは一般町民の生活などを記してみたい。

有明海は魚介類が豊富で、『筑後地鑑上巻』に「三潴郡榎津河海之会渟濘之中取二海蕈《うみたけ》一取レ之者必用二堅木長大有数尺者一探而得レ之皆云其堅木之探二海蕈一年久者可レ作二槍柄二」とあり、海蕈《うみたけ》採取の記事がみえる。

蒲池・龍造寺の柳川支配の頃も、海浜、河川があるこの地方は、貝（あさり・蛤《はまぐり》・あげまき・赤貝・まて貝・ほたて・海たけなど）、魚類（鯛《たい》・鱸《すずき》・かれい・えび・こち・ぼら・うなぎ・こい・ふな・あゆなど）がとれ、豊富な蛋白質、カルシウムを摂取できた。とくに有明特産の〝むつごろう〟は潟地をぴょんぴょん跳ねまわるハゼ科の魚で、栄養価の高いことで知られる。また生葉・上妻の山間部では、椎茸・わらび・松露《しょうろ》・松茸など豊富な山菜に恵まれ、猪、野兎、山鳥など狩猟にも恵まれていた。黒木・河崎両家の初狩りに関する紛争は、狩猟権をめぐっての在地同士の争いであった。

筑後は尚武《しょうぶ》の気風が強いところで、とくに柳川は、天正十五（一五八七）年高橋紹運の実子で立花家を継いだ立花宗茂が入城するに及んで、質実剛健の柳川武士の気質が培われた。

次に戦国武将のそれぞれの食生活の一端を紹介しておこう。

〔豊臣秀吉〕　立身して、次第に派手好みになるが、生家が貧乏だったので、少年時代から行商や他家の飯を食って苦労した。天下を取ってからも故郷の田舎料理をなつかしんで、よくつくらせたという。天下統一後、秀吉は故郷の尾張中村郷（現・名古屋市中村区）の年貢を免じてやったが、そのかわり年始の祝儀に故郷特産の大根と牛蒡《ごぼう》を献上するよう申し付けた。生国の土の臭いに触れたかったからであろう。

〔徳川家康〕　麦飯を好み、大いにその効用を宣伝し、簡素な食事は健康上によいばかりでなく経済的であるといって、とかく平和になれて華美になりがちな家臣の精神教育に役立てた。かれは鷹狩りのときも、握り飯に味噌をぬって焼いたものを持参した。だが、用心深い家康だったが、たまたま食った鯛の天ぷらがかれの命とりになったという。

〔大友宗麟〕　キリシタンを通じて、南蛮酒を飲みギヤマンの皿に盛られた西洋菓子を口にしたり、和、洋食いずれも可といった食通であり、酒は若い頃から飲み、人一倍酒色を愛したことは有名。キリシタンであったため、家臣との宗教対立を生じ、神道派の妻と争って離別し、耳川敗戦後、身心ともに疲労して五十六歳で死んだ。

〔斎藤道三〕　熱烈な天神信仰者で、領内各地に天神を祭り、家中の者にも梅を植えることを大いに奨励し、梅鉢を家紋にさせるほどの梅好きであった。

〔立花道雪〕　鮎や山菜をよく食った。高橋紹運の長子統虎（宗茂）が養子にくる前、立花城に遊びにきたが、そのとき食膳に鮎が出た。宗茂がいちいち骨をとって口に入れるのを見た道雪は「骨ごと食え。それが武士たる者の食べ方ぞ」と宗茂を一喝した。一物全体食の理を知っていたのである。道雪は酒は大いに飲んだが、ぜいたくを排し、節倹第一に心がけた。豊後の藤北の城にいたとき、海辺の地から蛤が送られてきた。道雪は珍重なものとして蛤の効用を処生訓にして家臣を戒めた。

〔立花宗茂〕　関ケ原役後、江戸へ上るとき、米がなくて家臣がおかゆを出したのを「いらざることをする。誰が汁かけにせよ、と言った！」という。小事にこだわらず、よく食べて部下思いであった。斗酒辞せず、一升程で「からだがやっとホコホコするぞよ」と言ったという。晩年膈《かく》の病（癌《がん》）にかかり、七十五歳で世を去った。

〔加藤清正〕　立花宗茂の盟友である清正は、朝鮮の役で蔚山《ウルサン》に籠城して明軍に包囲され、食糧難のため馬の肉を食い、飢餓生活を経験した。彼は「食は黒飯たるべし」と言って、家中の者に玄米を食えと触れて、華美を戒めた。築城の大家であるとともに、食生活利用法の権威でもあった。熊本城築城の際、畳の芯に芋の茎を使用したといわれる。

〔島津義弘〕「茶はいらざるもの」と言って、飲まずともその心を会得するのが一番として、茶道の心を忘れて、いたずらに茶器を珍重する数奇者《すきしゃ》の大名たちを批判した。

〔毛利元就〕幼い時から日の当たらぬ場所で苦労し、父の死後家臣から財産を横領され、その日ぐらしにも困った。父の側室だった女性が、その貧苦を見かねて、食べものの面倒をみたという。父をはじめ代々大酒飲みの家系で、早死が多かったので、食生活に気をつけ、とくに酒は飲まなかった。そのため七十歳過ぎて側室に子を生ませるほど元気だった。かれは領国内からとれる山海の新鮮な産物を食して健康保持につとめた。

〔黒田孝高〕筑前五十二万石の大守となった孝高（如水）は、質素倹約の家風をつくった。筑前に入国したとき、家臣らに、屋敷と米とをやるから梅の木を植えろ、梅干ができれば食うに困らぬと言った。瓜の季節に家臣や町民が瓜を献上してきた。如水は小姓や坊主たちを召し寄せて食わせた。皮をむく者に厚くむかせたので、近習の者が「そんなに厚くむいては、小さい瓜などは食べるところがなくなってしまいます」と言うと、如水は「いや、いくらでも足りるだけ食べさせるから厚くむいてよい」と言って、皮を長持ちのふたに入れさせ、台所の者に「瓜の皮を塩漬けにしておけ」と言った。

〔龍造寺隆信〕勇猛さでは九州戦国屈指の武将である。大酒家であり、山と海に恵まれた佐賀の産物を大いに食した。川上川の鮎をはじめ有明海の魚介類や領内で獲れた鳥獣の食肉などがかれの食膳に供された。隆信もこれを肴に大いに痛飲したことだろう。須古に隠居してからはとくに酒色を好み、高血圧気味であったという。天正十二年島原で有馬・島津軍と戦って首を討たれたが、肥満していたかれは馬に乗れず、六人かつぎの駕籠《かご》に乗って移動したといわれる。

秀吉の九州入り

島津北進、岩屋城の戦い

天正十四（一五八六）年六月中旬、九州統一の機会を狙っていた島津義久は、東西二手による北部九州進撃の作戦コースを立て、西回りは一族島津忠長、新納《にいろ》忠元、伊集院忠棟、野村忠敦を将とする薩、隅の兵二万の軍勢で筑後川を渡って筑前への侵入を企図し、東回りは島津家久を大将とし、入来《いりき》、本田、肝付《きもつき》などの部将に、薩、隅、日、肥の兵三万をもって日向より豊後へ攻め入ろうとしたが、このときは主力を筑前に注いだので東回りの軍は同年十月初め頃までは肥後、日向国内に留まっている。

西回りの軍は、途中肥後国内の宇土《うと》、城、託磨《たくま》、山田、赤星、山鹿《やまが》、川尻、隈部、合志《こうし》、小代、大津山、有働らの新付の将を先鋒に立て、怒濤の勢いで筑後へなだれこんで、大友方の山下、河崎、黒木の諸城を収め、城島を抜き、高良山に攻め寄せたので、座主良寛、尊能父子は降伏した。

島津軍はここを指揮所として、海陸から集まってくる諸勢の到着を待った。筑後国内でも、蒲池、問註所、三池、草野、星野、田尻、江島、江上などの国人領主たちが参陣してきた。そのほか肥前より龍造寺、有馬、松浦、高来《たかき》、神代《くましろ》、波多などが続々と参陣した。筑前では秋月、原田、豊前では城井、長野、高橋などが加わった。その数五万―六万といわれる大軍であった。筑後川を渡った島津軍は、勝尾城（鳥栖市牛原町）に拠る筑紫広門を攻めた。筑紫はすでに大友方に寝返っていたので第一の攻撃目標となった。

七月六日、炎天の中を島津軍は牛原河内に殺到し、勝尾城を包囲して猛攻を加え、三日後にこれを攻め落とした。薩軍はいよいよめざす筑前の大友三城（宝満、岩屋、立花）の攻略に向かった。去年筑後在陣中に病没した立花道雪亡きあと、筑前の守りは宝満、岩屋の城主高橋紹運と立花城を守る子の宗茂ふたりの双肩にかかっていた。かれらはこの年、宗家の大友宗麟によって関白秀吉の家人《けにん》になっていた。そして、大坂にある秀吉に対して急援を要請していたが、援軍はまだ到着しなかった。一方、宝満は前年筑紫方に攻められて占拠されたが、その後筑紫・高橋両家の和議によって相城（共有）となっていた。

島津軍の通路に当たる岩屋城は、宝満、立花城の前衛として最前線に位置していた。紹運は宝満の城に二男の統増（のちの三池藩祖立花直次）はじめ、老幼婦女子、病人らを移し、自ら最も危険な岩屋城に籠って、七百数十名の部下とともに戦う決意を固めて防戦態勢をとった。

七月十二日、島津軍は続々と太宰府周辺に押し寄せ、宝満、岩屋両城を囲んだ。戦闘員は両城合わせて千四、五百の小勢で、まさに三十倍の敵に当たらねばならなかった。城将高橋紹運は各持ち口を定めて、あらゆる戦略を駆使してこれに対した。島津側の数度の降伏勧告も蹴って城兵一丸となって戦い、少しも士気、統制に乱れをみせず、島津軍の半月に及ぶ猛攻に耐えた。

炎暑の中、熾烈な戦闘が展開され、島津軍は甚大な犠牲を出したが、新手の兵を次々に投入して、ついに外郭を破ることに成功、二の丸、三の丸を攻め破り、なお激しく抵抗する城兵のため死傷者が続出した。七月二十七日、水の手が断たれ、背後から攻められるに及んで、ついに紹運以下七百六十三名、全員玉砕して岩屋城は陥落した。紹運ときに三十九歳。時刻は午後五時頃であったという。

次の辞世の句が残されている。

流れての末の世遠く埋《うず》もれぬ　名をや岩屋の苔《こけ》の下水《したみず》（「高橋紹運記」）

現在、本丸跡には〝嗚呼壮烈岩屋城址〟の石碑が立っている。岩屋落城後に宝満城もまた占領された。島津軍の損害四千五百名（『筑前国続風土記』）と記されているが、この大損害で立花城攻撃にも支障をきたし、関白軍豊前到着の報を聞くと、立花攻めをあきらめ、博多の街を焼き払い本国へ撤退していった。

高橋紹運辞世の碑（四王寺山頂）

大膳の誠忠

谷川大膳は名を鎮実といった。黒木氏の一流で、上妻郡谷川城（八女市立花町）の城主であったが、大友家が筑後支配をするようになった頃から随身し、のち大膳は高橋紹運の家臣になった。

岩屋落城の前日、かれは紹運の密命を帯びて立花城へ使いしたが、夜に入って薩軍の厳しい包囲網をくぐりぬけ、谷を越え峰を攀《よ》じり、苦心のすえ立花に入り城主立花宗茂の返書を受け取って、翌二十七日夜半やっと岩屋に辿りついた。城はすでに夕刻落城していたが、大膳はそれを知らず、裏手から忍び寄り「大膳ただいま戻りました。早く開門してくだされ」と呼ばわった。このときばらばらと現れた敵兵に取り囲まれ、うむを言わさず縄をかけられて薩将島津忠長の本営に引っ立てられた。大膳は忠長じきじきの尋問を受けると、悪びれずに自分の姓名を名乗り、主君紹運の命で立花へ使いして、ただいま帰参したことを申し述べた。忠長はじっとその様子を見ていたが、少しも取り乱したところがなく、その従容《しょうよう》とした態度に感じ入り、今日、高橋紹運はじめ城兵全員戦死して落城したことを告げ、鬼神の如き城兵の勇戦をたたえて、「その方、当方に仕える気があれば、今までと同じ俸禄を進ぜるがどうじゃ」と言った。大膳はそれを聞くと、「御厚志はかたじけない次第ですが、この期に及んでそんな望みはさらにありません。立花までわずか五、六里のところ貴軍の重囲を脱け、道なき難所を往来しましたので時間がかかり、そのため主君の最期に遅れ、お供をすることができなかったのが口惜しくてなりません。ここにお願いしたいことがあります。それは立花からの返書をただいま私の首に掛けておりますが、私の息のあるうちは貴軍に渡すことはできません。どうかこれだけは私の首を落としたのち立花に返して頂きたい。もしそれがかなわぬときは、私の首をはねてから御被見下さい。これが今際《いまわ》の願いです」と、涙を浮かべ忠長を凝視して言った。

これを聞いた島津忠長をはじめ薩軍の将士たちは、大膳の誠忠に思わず涙で顔を濡らした。

「紹運殿はよき家臣を持たれた。紹運殿がいかに名将であったかが、これでよく判り申した。この忠義な武士を決して殺してはならない。その書状、被見の必要はない。大切にしまって立花へ帰られよ」と言って、直ちに縄を解き、刀を返し与えて馬に乗らせ、護衛までつけて立花へ送らせた。以上の話は、立花宗茂の家来浅川傳右衛門安和が書き記した「浅川聞書」の伝えるところで、戦国に咲いた美談として語りつがれている。

大膳直系の子孫、谷川家の位牌には大膳の「了義院殿切嶽立心大居士」の法名が記されている。

星野一族の滅亡

立花城を守っていた立花宗茂は、岩屋落城で散った実父高橋紹運や城兵一同の死を悼み、島津軍の撤退を追撃して、これに損害を与えている。岩屋、宝満落城後、秋月種実はこの城に守備兵を置いて守らせた。秋月種実は島津方の信頼が最も厚く、当時実勢高三十六万石といわれ、筑前における最大の国人領主であった。

島津軍を追撃して戦果を収めた宗茂は、余勢を駆って翌二十五日、島津の配下、星野中務大輔《なかつかさたゆう》吉実《よしざね》、同民部少輔吉兼兄弟が守る高鳥居城（糟屋郡須恵町）の攻略に向かった。

高鳥居は若杉山の西方に連なり標高三八〇メートル、一名を竹城山または岳の山と呼ばれて、若杉、下須恵、上須恵の三邑に跨《また》がっている。永仁元（一二九三）年三月、探題北条兼時の臣、河津筑後守貞重が初めて築城したが、その後、大内氏の重臣杉豊後守興行（運）が入城、三代にわたって在城、連並のときに秋月に攻められて降り城を捨て鞍手郡龍徳（現・宮若市）の方に移ったが、その後は空城となっていた。

島津進攻とともにこの荒れ城に筑後の星野兄弟が一族郎党三百余名とともに入城した。大友方の宝満、岩屋、立花に対する押さえの城として、にわか修理をして入城したのである。島津軍にとって、近いうちに来攻が予想される秀吉軍に対する布石の一つでもあった。塀や櫓《やぐら》などはまだ未完成であったが、星野兄弟はここに二つの砦を構えて防備した。城地の線面が広く、わずか三百名足らずの小勢で守る星野一族は、島津との盟約を守って退こうとはしなかった。

高鳥居城の東北は急崖で登攀《とうはん》不能であり、攻撃路は西南からで、宗茂は立花勢五百余名を率いて若杉山に陣を取り、小野鎮幸（和泉）、薦野増時《こものますとき》（三河守）を隊将にして軍を二手に分け、一隊を若杉の谷に沿って東の砦を攻めさせ、一隊は宗茂自ら率いて西の須恵村（現・糟屋郡須恵町）より攻め入って城の大手に回った。二の丸は弟の星野吉兼が守っていたが、毛利の援軍が到着して攻撃に加わり、二百の兵で城南の搦手、須恵谷から攻め登り、東、西、南の三方より攻撃を加えた。戦は巳《み》の刻（午前十時）から始まったが、星野勢は殺到してくる立花軍に向かって、鉄砲、弓を猛射し、大石、大木などを落下させて抗戦した。宗茂も城の濠近くまで接近したため、城兵の銃弾にさらされ、そのうちの一発は兜の先端に当たったが幸い無事であった。

立花鎮実等二十余名が楯となって、宗茂の前後左右を固めて守りながら進もうとする。宗茂は「大将が身をもって指揮しなければどうして勝つことができようか」と言って、敢然と先頭に立って攻め登った。部下の者たちはこれに遅れじと争って城に迫り、十時《ととき》伝右衛門（連久）、安東津之助、立花次郎兵衛（統春）らが塀を打ち破って城内に突入した。すでに数カ所に火が放たれ、城中はたちまち折からの烈風に煽られてもうもうと火煙を噴きあげ、城中を覆った。立花勢は風上に回って攻撃し、毛利の援兵もまた二の丸めがけて突撃した。

城将星野吉実は東門を守って部下を指揮して戦ったが、猛火と防戦で分断された城兵をどうすることもできず、立花勢に打ち倒されていった。吉実は長身で力が強く、立花勢相手に長刀を振るって奮戦し数人を斬ったが、ついに刀が折れて腰の鞘だけが残った。このとき、立花次郎兵衛と顔が合い、次郎兵衛が刀を額に押し頂いて、将を討つ軍礼をもって一太刀斬ると、吉実の鐙《あぶみ》の上帯が切れて、門の中に退こうとして奥に走りこんだ。十時伝右衛門がこれを追い、槍で吉実を突き倒して首を落とした。また一説には、吉実今は逃れぬところと悟って、数歩退き、石の上に腰をかけたまま動かず、徐《しず》かに立花、十時の白刃を受けて絶命したという。

二の丸で防戦していた弟の吉兼も毛利の援兵に討たれ、戦闘二時間余りで、午の刻（午前十二時）になって城兵三百余ことごとく玉砕して落城した。

宗茂は星野兄弟の首を丁重に実検し、那珂郡堅粕村（現・福岡市博多区）の吉塚に葬ったが、吉塚の地名は星野吉実、吉兼兄弟の名から起こったといわれる。なお吉実を鎮胤、吉兼を鎮元としている書もある。

明治二十六（一八九三）年、星野兄弟の戦死を追悼する記念碑がこの地に建てられたが、毎年七月、吉塚地蔵祭りが行われる。その場所は福岡市博多区吉塚一丁目、吉塚市場の北側入り口にある地蔵尊である。

辞世として

草城に心おく露ふみわけて　消えゆく野辺の道しるべせむ　星野吉実

草城のつゆと消えなむ身なれども　心はほしのひかりとぞ思ふ　星野吉兼

高鳥居を〝草城〟と詠んだのは、軍旅の草枕にかけたともいえるし、また草の生えた荒れ城をにわか修理しただけの城とも解することができよう。

『大日本地名辞書』（冨山房）に、「星野氏は黒木と同族にして、南北朝の乱に官軍に応じ、終始一節、以て矢部、菊池の宮方を擁護せり。戦国の頃大友氏に属せしが、天正中叛き島津氏に付く。同十四年筑前に出戦し、立花宗茂に敗れ、星野兄弟共に死し、遂に亡《ほろ》びぬ」とある。

星野の本流である黒木氏の出自については、いろいろ伝説があるが、〝調《しらべ》〟というのもそうである。大番役として京都に上った大蔵大輔助能《おおくらのたいふすけよし》が滞京中に内裏で管弦の楽が行われ、その際笛の妙技を奏でた。帝（後鳥羽天皇か）が御感のあまり〝調〟という姓を下賜したという。黒木、河崎、星野氏らはこの調の一党である。

調の本家は黒木氏を称し、八女市黒木町北木屋の猫尾城が本城であった。長子貞宗は六百町を領し、河崎氏を称して犬尾城（八女市山内）を居城とし、現在の八女市北部を領した。また義子胤実は星野氏を称して星野三十二村、六百町を領し星野谷に拠った。

星野氏はまた時代によって支配者への帰属を異にしてきたが、必ずしも調一党として団結してきたわけではない。筑後の山中部に位置して、同族相克の争いを演じ、星野氏分裂によって勢力が弱り、河崎、黒木もまたそれぞれ内紛のため調一党は大勢力として成長しなかった。

星野川の流れはあくまでも澄み、山青く、さ霧わき立つ星野の里は、昔も今も良茶の産地であり、また陶土に恵まれた星野焼を伝える。星野氏は四百年間にわたってこの山中を支配してきた。山河の自然と天恵の地にあった星野氏が、辺境にあってもなお命脈を保ち得たのは、産物の豊かさばかりでなく、主従関係の濃やかな心の結びつきがあったからだろう。高鳥居城すなわち草城で死んだ星野吉実、吉兼はともに恩威並び備えた良将であったという。

『星野家譜』に、落城の前日、辞世を認め、酒宴を張って主従三百名余が別盃をあげ、翌日の決戦にのぞむ心情を記しているが、はるばる筑後の山中から出てきた一族主従三百余が、糟屋郡の孤城で最後まで島津への義を立てて死んでゆく姿には、討たれる者の悲しさが切々として伝わってくる。平地の少ない山中を領した星野氏の土地に対する執念は他よりも一層強かったであろう。狭い山間の盆地では限りがあり、家臣のためにも他の領地を望んだことだろう。そのため島津に従い、新地獲得への悲しい賭けをしたのではなかろうか。時代の差こそあれ、昔も今も土地に対する価値観は変わらない。人類争いの原因の主なものは、土地争いと、それに宗教や差別などの問題がからんでのことである。

星野吉実・吉兼を祀る吉塚地蔵（福岡市博多区吉塚）

人間の生への営みに土地が不可欠であり、また利益を生む場となる。そのため古来争いの原因となり、争いの場となってきたことは、古今の歴史が示している。土地を増やし、土地からの生産収益を大いに活用して、蓄財の法としたことは、人間が生きる上において自然に体得した知恵であり、子孫繁栄への最良の手段であった。〃一所懸命〃という言葉の中には、土地に対する強いあこがれと、ひたむきな心情がこめられ、さらに生きることへの願望が、〃一生懸命〃となったのである。星野氏が、氏族発展のため所領の増大をはかり〃一所懸命〃に苦闘したことがわかるのである。

現在の八女市星野村本星野の「源太窯」の裏手の山径をたどれば、星野氏の居館跡に出る。庭園の中の樹齢数百年と思われる槙《まき》の木は、おそらく星野吉実の頃のものであろう。筆者が訪れた初夏のある日、幽邃《ゆうすい》なたたずまいの中に、青葉をそよがせて吹き渡る山風がさわやかであった。吉兼の辞世にあるように、〝心は星の光とぞ思う〟とは「星野」と夜空の「星」をかけた言葉であったと思う。吉実、吉兼兄弟はじめ一族郎党たちが草城で別盃を交わしたとき、かれらの脳裡をよぎったものは、やはりこの静かな筑後のまほろば星野の山里ではなかったろうか。星野氏や調一党に関係がある黒木、調、谷川、馬渡、樋口、高木、和田、仁田、篠原らの諸姓は今日なお現存している。

島津降伏・宗茂の柳川入城

立花宗茂は、星野勢を高鳥居城で討ち果たしたあと、さらに秋月が守備していた岩屋、宝満へ押し寄せた。とくに、岩屋城は宗茂にとって父高橋紹運最期の場所である。

秋月勢は島津の撤退とともに、その多くを引き揚げさせたので、岩屋には三百名ばかりの守備兵がいた。立花勢はここを難なく奪回して、さらに宝満へと攻め登り、秋月勢を追い落として、ここも回復した。宗茂は約一カ月たらずで、父紹運や戦歿将兵らの仇を報じたのである。秀吉はこのときの宗茂抜群の働きに対して次の感状を与えて激賞した。

「立花家文書」

去月廿七日対安国寺、黒田勘解由、宮木入道書状 并《ならびに》首註文今日十日披見候、今度其表へ島津相動候之処、味方城二三ケ所手もろく相果《あいはて》候之條、其構之儀も無心元被思召、輝元、元春、隆景、其外人数追々差遣候処、立花城之儀無別條相抱候儀さへ忠節無比類思候処、去廿四日敵引退候刻、足軽を相付数多討捕《うちとる》儀手柄之上、重而高鳥居東西責破《せめやぶり》、城主星野中務大輔、同民部少輔を初、其外不残数百人打捕、首註文到来、誠粉骨之段、中々不及申候、是以後之儀者、聊爾《りょうじ》之働可為無用候、人数追々差遣其上輝元、元春、隆景、両三人一左右次第令出馬、九州逆徒等悉可刎首候之條、得其意尤に候、然者為褒美新地一廉《ひとかど》可申付候間、突鑓《つきやり》高名仕、忠節之輩に可令支配候、弥《いよいよ》成勇候様可申觸事《ふれもうすべきこと》、専用に候、委細安国寺、黒田、宮木両三人可申候也

九月十日　　花押（秀吉）

立花左近将監《さこんのしょうげん》とのへ

紹運戦死のあと、宝満も開城して、宗茂の弟、統増夫婦や母の宋雲尼、妹たちは薩軍によって拉致されていたが、その後秀吉島津征伐の前後に連れ帰ることができた。

やがて八月十六日、秀吉の命で、小早川、吉川、黒田の軍勢が豊前へ到着、島津与党の討伐を開始する。

一方、その頃の筑後国内の情勢はどうだったろうか。柳川の龍造寺は島津幕下となっていたが、秀吉の西征を前に、鍋島直茂がすでに秀吉へ服属していたので、事実上島津とは絶交状態にあった。

筑後の南西部にあたる三池地方は田尻・三池両氏の勢力が交差したが、永禄十（一五六七）年の休松合戦（大友と秋月の戦い）で三池親高が戦死後、子の鎮実は依然大友氏の配下にあった。一方、それまで大友と同盟していた田尻鑑種は龍造寺氏の誘いをうけて佐賀の方に寝返った。田尻を味方に付けた龍造寺隆信は、天正七年三月、田尻鑑種を三池鎮実のもとに遣わして降伏を勧めた。鎮実は一旦これを承知したが、約束の人質の件を実行しなかったばかりか、筒ヶ嶽（荒尾市府本）城主小代入道宗禅と密謀して鑑種を殺そうとした。そのため隆信は一挙に三池討伐を進め、今山岳に籠って必死に防戦する三池

鎮実を猛攻してついに城を落とした。鎮実は風雨に紛れて脱出した。

その後、龍造寺隆信が島原で敗死すると、筑後では大友方の活動が目ざましくなり、三池上総介鎮実も再び復帰して蒲池鑑広・問註所統景・五条鎮定・上妻鎮政らと大友側に付いている。これに対して龍造寺方には、草野・星野・黒木・田尻・高良山・町野らが属したが、これらの中には島津氏に通じてその傘下に入る者もいた。また、筑後三原氏の主流で本郷城（三井郡大刀洗町本郷）主、三原紹心は高橋紹運の老臣として岩屋で戦死、三潴郡城島（現・久留米市城島町）の西牟田家周は早くから龍造寺の配下となり、大友軍の立花、高橋勢の攻撃を防いだが、のち肥前へ移った。生葉郡の星野は島津についたが立花宗茂に攻められ高鳥居で討たれて滅亡、上妻郡の黒木は、この二年前、大友軍に攻められて猫尾城で自害、河崎もまた大友、龍造寺のため家中離散する。山門郡の田尻は龍造寺に従ったが、『北肥戦誌（九州治乱記）』によれば、再び大友氏に内通したことを記している。

天正十年冬、田尻鑑種は鷹尾城で龍造寺氏に叛旗を翻すが降伏し、三池・山門の所領は没収された。しかし鑑種の子長松丸に対して龍造寺氏から佐賀郡巨勢村（現・佐賀市巨勢町）二百町が知行地として与えられた。田尻氏は筑後を去って以後、肥前に移住した。生葉郡の問註所氏も長岩城の統景の方は終始大友方であったが、立石城（うきは市浮羽町流川）の鑑景の方は秋月と行動をともにしている。また、山本郡発心岳城（久留米市草野町）の草野氏は天正十三年、龍造寺に従い、嫡男播千代丸を質として佐賀へ差し出していた。道雪、紹運が筑後出兵のときここを攻めたが、天険のため落とすことができなかった。

上妻氏もおおむね大友方として行動をとり、光友村（現・八女市立花町）の山崎城を戦時の城としていたが、大友軍筑後進攻のとき陣所となったことがある。柳川の下蒲池は鎮並が龍造寺隆信によって滅ぼされたが、上蒲池の方は山下城（八女市立花町北山）の蒲池鑑広の子鎮運が大友方に付き、龍造寺の最盛期には佐賀に降り、大友進攻のとき再び大友についている。矢部の五条氏は忠実な大友方として戦国末期に及んだ。

このように筑後国内は、天正十二年龍造寺隆信の死後、鍋島直茂の必死の挽回工作にもかかわらず、時流に乗ってきた大友氏の進出で国衆は右往左往し、さらに島津の進攻で、またまた出陣を強いられ、多くの人命を失ったあげく軍費まで負担させられたため、疲弊はさらに増大した。このため筑後国内の民衆の被った損害は計り知れないものがあった。

「斬り取り強盗武士の習い」といわれた乱世では、社会そのものが異常を異常と思わないような世の中になっていたから、いつ何が起きるかわからなかった。農民といえども野良に出るときは刀の一本も腰にぶちこんで出かけた。農民が武士になることができた時代であり、鍬を刀にかえて戦場で手柄を立てれば立身もでき、ひとかどの者に取り立てられることもできた。しかしこれも秀吉九州入りまでで、やがて戦乱が終わると士農の階層がはっきりと区別されるようになる。

天正十五年三月の末、秀吉は島津征討のため全国二十四州から動員した総勢二十万ともいわれる大軍を率いて九州に入った。数年前から秀吉に接近していた鍋島直茂は、肥前龍造寺政家の名代として秀吉を迎えているが、鍋島の政治力が遺憾なく発揮されている。また、岩屋で戦死した高橋紹運の子立花宗茂に対しても島津、秋月への計略を示す指令が発せられた。

秀吉軍は二手に分かれ、本隊は筑前から筑後へ向かい、薩摩路をめざして進撃を開始するが、東回りの羽柴秀勝、小早川、吉川、毛利、黒田、宮部、蜂須賀らの九万余騎は豊後から日向へと向かって南下していった。

四月一日、秀吉麾下《きか》の蒲生氏郷《がもううじさと》、前田利長の軍は秋月種実の支城、岩石城《がんじやく》（田川郡添田町）を攻め、一日のうちにこれを落城させた。益富城（嘉麻市大隈町）にいた種実は仰天して古処山の本城に籠ったが、穂波より八丁坂にかかる山麓一帯は秀吉五万の軍勢によって囲まれ、もはや抗戦しがたいことを知って、四月四日秀吉本営へ使者をもって降伏を申し出た。

　秀吉は秋月を島津に次ぐ北九州の元兇とみなしていたから、簡単に許そうとはしなかった。そこで種実、種長父子は頭を丸め、秀吉の通路にまかり出て罪を謝した。秀吉は初戦の寛大さを示し、以後の筑後の経略を有利にするためにこれを許した。一命を取りとめた秋月父子は、十六歳の娘（種長の妹）を人質に差し出し、家宝の茶入「楢柴」と米二千石、黄金百両をお礼のため献上した（「九州御動座記」）。楢柴はその頃三千貫の代物といわれた名器で、現在の貨幣価値では約三億円にも相当する。

　秀吉に謁見を願うため、各地の国人たちはぞくぞくと秋月に参集した。立花宗茂もこの日軍容を整え、立花を発って秋月の城下に入った。

　秀吉は、綺羅星の如く居並ぶ大、小名たちを前にして、とくに宗茂を傍近く召し寄せ、父高橋紹運の忠死をたたえ、高鳥居をはじめ岩屋、宝満の比類なき軍功に対し、「九州第一の者」といって激賞した。

　秀吉は秋月滞在を終えると、事後処理を生駒《いこま》雅楽頭《うたのかみ》に命じ、島津の本国鹿児島へ向けて南下していった。頭を丸めた秋月種長も先鋒軍に加わって従軍する。四月十一日、秀吉は高良山に本陣を移し、吉見岳（久留米市御井町）で諸将を引見、つづいて同十三日、南関の大津山河内守を降して、その後は破竹の勢いで有働、隈部、城、宇土らの肥後の諸城主を降伏させ、八代、水俣、出水と進軍して忽ち肥後一国を従え、島津本国へと迫る。

　一方、豊後占領を放棄して薩摩へ撤退していった島津軍を追って日向に入った羽柴秀長（秀吉の弟）

の軍は、大友義統を案内として耳川を渡り、同月六日高城（宮崎県児湯郡木城町）を囲んだ。

高城はかつて天正六年、蒲池鑑盛はじめ筑後勢が多くの血を流したところである。守る城将も当時の山田有信であったが、今度は大友と対戦した時のようなわけにはいかず、圧倒的物量を誇る羽柴軍に討たれて、四月十八日、高城は落ちた。島津の果敢な抵抗はこの高城戦までで、その後は全く戦意を阻喪《そそう》して降伏へと傾いていった。

天正十五年五月八日、島津義久は頭を丸めて黒衣をまとい、竜伯と号して、川内の秀吉本営に出向き、正式に降伏した。

島津が降伏して半月後の五月二十三日、かつて筑後の支配者であった大友宗麟は、領内の津久見の館でひっそりと息を引き取った。かれにとって宿敵島津の降伏を生前に知ることができたのが、せめてもの慰めになったことであろう。世の中はすでにめまぐるしく移り変わっていた。島津の降伏で、九州平定の業は終わり、秀吉は再び肥後、筑後を経て太宰府に泊まり、六月七日博多冷泉津から箱崎に着いた。秀吉が箱崎滞在中に行ったといわれる九州国割りの人事は、新旧交替の思いきった新しい経営方針が盛られていた。

筑後関係としては、小早川隆景が筑前十五郡と肥前二郡のほか筑後二郡を領し、秀吉によって「九州一物」と賞された立花宗茂は山門、下妻、三潴三郡、弟統増に三池一郡、毛利秀包（元就の末子）に山本、竹野、生葉の北筑三郡、上妻郡は肥前基養父《きやぶ》の地から移された筑紫広門がそれぞれ受領した。


「立花家文書」

今度依忠節、為御恩地、於筑後国山門郡三潴郡下妻郡三池郡合四郡事、被宛行訖、但三池郡之事、

対高橋弥七郎（統増のこと）可引渡、并三瀦郡之内百五拾町、三池上総介相渡之、右両人為与力
致合宿、自今以後可抽忠勤之由候也
天正十五年六月廿五日
（秀吉朱印）
立花左近将監とのへ

なお、宗茂、統増兄弟の内訳は次のとおりである。

筑後国	山門郡七十二カ村	四五、〇二二石
筑後国	下妻郡十六カ村	一七、八四四石
筑後国	三瀦郡九十カ村	五八、六一六石
筑後国	三池郡十八カ村	一〇、七〇〇石
計	四郡一九六カ村	一三二、一八二石

宗茂は柳川を居城と定めたが、弟の高橋統増に対しては三池郡のうち一万石余が分与されたが、のちの検地により一万八千百石が与えられ、江浦城（みやま市高田町）に入り、さらに内山城（大牟田市吉野）に移っている。また三池の領主であった三池鎮実は宗茂の与力として新たに百五十町が与えられた。大友の一族として大名に列せられたのは立花宗茂と弟統増だけである。彼ら兄弟が筑後に封ぜられたのも、父高橋紹運の岩屋城での忠死と大友義長以来筑後支配の実績があったからであろう。

歴代柳川城主（立花宗茂再封までの分）

蒲池鑑盛・鎮並	自 永禄年間（一五五八－一五六九） 至 天正九年五月（一五八一）
鍋島直茂（信生）	自 天正九年五月（一五八一） 至 天正十二年三月（一五八四）
龍造寺家晴	自 天正十二年三月（一五八四） 至 天正十五年六月（一五八七）
立花宗茂（統虎）	自 天正十五年六月（一五八七） 至 慶長五年十一月（一六〇〇）
田中吉政・忠政	自 慶長六年一月（一六〇一） 至 元和六年八月（一六二〇）
立花宗茂再封	元和六年十一月（一六二〇）

立花家臣、城戸清種が父豊前守知正の見聞、行状を書いた『豊前覚書』によると、六月十一日、老臣小野和泉を正使として、城戸豊前、八尋民部、扇掃部《かもん》が付き添って柳川城受け取りに立ち会った。前城主龍造寺家晴が在城中に植えた竹が、青々と見事に生長して一段の風情を添えていた、と記されている。

六月十五日、夫人誾千代をはじめ立花家中の者たちは、住みなれた糟屋郡の立花山麓を離れて筑後に向かい、十七日に柳川へ入った。誾千代は立花の地を離れたくないと言って、周囲の者を困らせたというが、実父道雪が眠るこの地を去って行くことは耐えられなかったのであろう。

立花宗茂画像（福厳寺所蔵・柳川市）

宗茂は柳川へ入城すると、養父道雪の菩提を弔うため福厳寺《ふくごんじ》を建て、また子の忠茂のとき高橋紹運並びに岩屋戦没者のため天叟寺《てんそうじ》をつくった。天叟寺の門前には、宗茂が抱えた刀工美濃鍛冶、下坂兼先《しもさかかねさき》が住んだので、のち鍛冶屋町と呼んだ。宗茂夫婦が去ったあと、立花城には筑前の領主となった小早川隆景が入城した。

ちなみに、立花宗茂はその生涯に十回以上も改名している。宗茂と名乗ったのは晩年であるが、柳川入城時は左近将監統虎である。

筑後諸豪の離散

秀吉九州平定後の筑後国人の動向について記してみよう。

〈蒲池氏〉　蒲池氏は柳川城主であった蒲池鎮並が龍造寺に謀殺されて以来滅亡、離散の憂き目にあったが、上蒲池、山下城主の蒲池鎮運は天正十五年立花家の与力を命ぜられ、三池郡のうちで二百町（約三千石）を賜っている。

蒲池氏の縁類として矢加部・横溝・酒見・今村などの諸家があるが、川瀬の西念寺（八女郡広川町）は柳川の下蒲池氏の菩提寺崇久寺（柳川市東蒲池）とともに、蒲池ゆかりの寺である。なお両蒲池氏の子孫は筑後・筑前・豊前の各地に分住している。

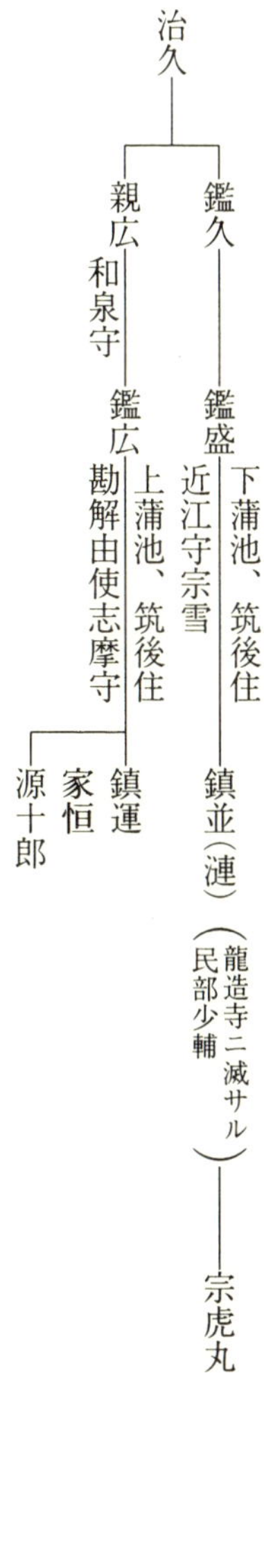

〈田尻氏〉山門郡鷹尾城（柳川市大和町鷹ノ尾）を本城とした田尻鑑種は、天正十一年龍造寺氏に降り、佐賀に移住し、その後子孫は鍋島氏に仕えた。家紋は撫子《なでしこ》。田尻氏は大蔵一門の関係で名前に種の一字を用いる。肥後へ移住した田尻氏は熊本を中心に多い。

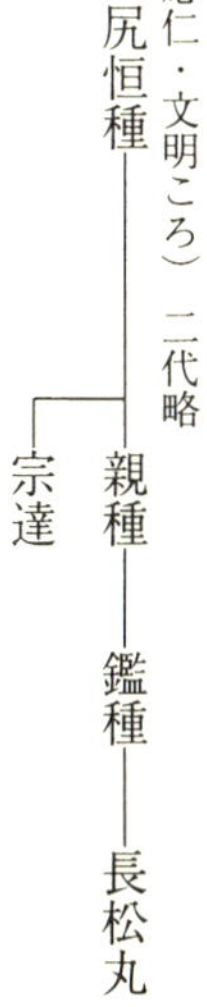

田尻氏略系図（戦国時代）

〈三池氏〉三池上総介鎮実は、立花家与力として三潴郡で百五十町を領し柳川へ移住した。現在柳川や大牟田には三池姓を名乗る家が残っている。

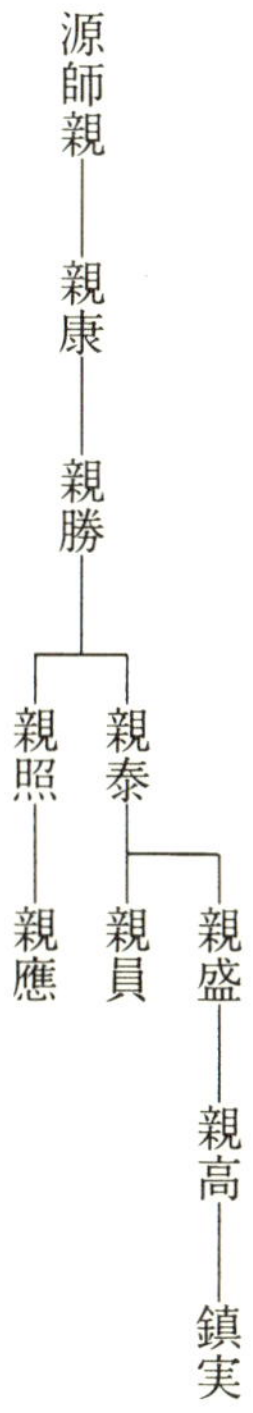

〈西牟田氏〉城島城（久留米市城島）主西牟田新介家親（周）は関白への参礼を怠ったかどで領地没収、龍造寺政家に預けられた。西牟田氏はもともと蒲池と同族で宇都宮一族である。

（豆州より入る）十三代　西牟田弥次郎家綱入道（本姓宇都宮）西牟田を号す
宇都宮家綱――――西牟田播磨守親毎（西牟田一帯を領す）――――鎮豊――――家周

〈草野氏〉耳納山中の発心《ほっしん》岳城に拠った草野氏は、筑後国北部の在地領主として鎌倉以来の名家である。御井、山本、竹野の筑後川に面した耳納北麓一帯を領し、調一党の河崎氏とも縁組していた。御井郡の北野氏、赤司氏はその一族であり、鍋島家に仕えた赤司氏二十八人衆は赤司党として聞こえた。秀吉九州入りのとき、草野家清（鎮永ともある）は発心岳城にいて関白への降礼をとらなかったといわれ、その後、肥後一揆に加わったかどで南関（玉名郡南関町）において誅殺された。その子旛千代丸は、のちに鍋島家に仕え草野太郎兵衛永広と名乗り、佐賀に居住した。

発心山上（六九八メートル）にある城趾には現在遺構はないが、要害を誇った中世の山城として草野氏最後の拠点となったところ。草野氏は高良山とも深い関係を有して筑後川水運に影響を与えていたと考えられる。

（文治二年筑後国押領使）　二十五代
草野永平――――照員――鎮永（家清）――――旛千代

〈問註所氏〉問註所氏は本姓三善氏である。三善康信は鎌倉幕府の評定衆で問註所（行政機関）の執事であったが、建久七（一一九六）年、筑後生葉郡を領し、のち問註所を氏名としたが、一族は町野氏を称した。秋月方であった町野鑑景はのちに秋月治部《じぶ》少輔《しょうゆう》と名乗る。戦国の頃は長岩、井上、立石、井ノ口などの諸城に拠り、秋月、大友にそれぞれ分属して同族争いをしている。

問註所統景は五条氏とともに筑後における無二の大友方であった。秀吉九州平定後、生葉郡において二百町を給せられ、のち立花家臣となった。文禄の役には加藤清正軍に従って渡鮮し、明軍と戦い一族家臣三百八十名が戦没した。菩提寺はうきは市浮羽町流川の勝楽寺である。同寺には子孫が建てた朝鮮役の供養碑がある。

問註所統景花押
（天正13年頃のもの）

文永年中生葉郡を賜る
三善康行 ―― 十一代孫 鑑豊 ―― 統景
　　　　　　　　　　　└ 鑑景

〈三原氏〉三原氏は田尻、高橋、江上氏らと同じ先進帰化人を祖にもつ大蔵一族である。代々御原郡の本郷城（三原城ともいう、三井郡大刀洗町本郷）を居城としたが、戦国の頃は筑後守護代として、大友氏の軍事、行政を担当した有力被官で、豊饒《ぶにょう》氏とともに所領の打渡しなど重要な職務に当たった。天文年間のものと思われる大友義鑑の高良山宛の「高良山鏡山文書」によれば、三原和泉守が高良社造営奉行を申付けられたとある。

三原和泉守紹心のとき大友一族の高橋紹運に仕え、天正十四年、筑前岩屋城の戦いでは、入道姿で鬢《びん》髭《し》を染めんばかりの華やかないでたちで、四尺余りの大太刀を差しかざして奮戦、壮烈な戦死をした。

次の辞世がある。

打太刀《うつたち》の金の響《ひびき》も久方《ひさかた》の　雲の上にぞ聞《きこ》えあぐべき

のち子孫は立花、黒田家などに仕え、各地に分住した（「高橋紹運記」）。

御原郡本郷城主（永正の頃）
三原種勝――親種――重種――紹心

〈高橋氏〉　大蔵一族の高橋氏は上高橋、下高橋（共に三井郡大刀洗町）、吹上城（小郡市吹上）などに拠ったが、戦国時代に大友系の一万田、吉弘二氏によって分立し、さらに秋月系が加わる。一万田系は筑前から豊前へ移った。また吉弘系高橋氏は宝満城主高橋紹運が岩屋で戦死、二男統増が高橋家を継ぎ、後に立花氏を名のった。慶長の役後、兄宗茂と徳川家に仕え三池藩祖となったが、元和三（一六一七）年七月十九日、江戸下谷の邸で死去。四十六歳であった。家臣には屋山・伊藤・北原・三原らの名が見える。また、秀吉から柳川城主にとり立てられた宗茂は慶長の役で改易となったが、その後、江戸幕府に仕え元和六年に再び筑後三郡十一万石余を受封、柳川城主に返り咲いた。現在、「柳川御花」（柳川市新外町）を経営する立花家はその後裔である。家紋は杏葉。祇園守。

高橋城は大刀洗町下高橋（現在の竈門神社一帯）にあった。天文二十一年、大友氏の一族高橋鑑種がこの地を領し、上高橋に居館を構え、のち下高橋城を補強して移った。下高橋城は周囲を堀でめぐらした平城で、現在も堀の遺構がある。

高橋の系流は柳川、小倉、宗像、糸島、岡山、延岡や関東へと広域にわたっている。家紋は軍配団扇であるが、原田氏との関係で三引両ほか大蔵諸家紋を使う。

高橋長種―鑑種（一万田）―元種（秋月）

大蔵春実―長種（天文の頃）
- 鑑種（一万田氏）―元種（秋月より養子に入る）
- 鎮種（吉弘氏（高橋家を継ぐ））
  - 統虎（立花家を継ぐ。のち立花宗茂を名のる）
  - 統増（高橋家を継ぐ。のち立花直次を名のる）

〈上妻氏〉上妻氏の祖は関白藤原道隆に発すという。家宗の時、筑後に下り、上妻郡の有力郡士として知られるようになる。南北朝期、宮方として活躍したが、戦国期は上妻鎮政、鎮勝父子が国人領主として光友村の山崎城及び白木村藤城（共に八女市立花町）の城主であった。戦国期には二百町を領し、

関白道隆―家宗（筑後国司修理大夫）―家久―隆則
- 政則（馬場）
- 経家―家房―房道―家宗―隆邦
  - 隆重
  - 経房―家定―朝兼―兼隆―隆直―隆光
    - 能家
      - 敦家―鎮房―鎮政（越前守）―鎮勝
      - 鎮貞
- 則隆（菊池）

大友氏に属して龍造寺軍と戦ったが、大友衰退後は龍造寺に降っている。天正十五年の九州国割り以後は一時、肥後国山鹿へ籠居したが、関ヶ原役では上妻次兵衛尉が立花宗茂に従って徳川方の大津城（滋賀県大津市）を攻めて軍功があったことが「上妻文書」に記されている。

　上妻氏の紋は日足紋、また檜扇に一本房という。

〈黒木氏〉天正十二年木屋の猫尾城（八女市黒木町北木屋）で、大友軍に攻められ自害した家永には四人の子がいたといわれる。長子四郎は人質として佐賀にあった。その後、大友に内通した椿原式部を討って城を奪回した。のちに猫尾城は廃城となり、四郎延実（匡実）はその後立花家に仕えた。現在城趾には石垣、土塁の跡が残っている。馬渡氏はその家老であった。筑紫郡那珂川町に居住されていた黒木康友氏（故人）はその末裔である。家紋は亀甲四ツ目である。

（文治年間）
源助能――定善――┬家永――匡実（四郎丸）
　　　　　　　　└益種

〈河崎氏〉黒木、星野と同族の〝調一党〟である。居城は童男山《どうなんざん》古墳（八女市山内）の北約七〇〇メートルの城山（一八〇メートル）の頂上にある犬尾城で当時河崎鎮堯が城主であった。かれは秀吉西征のとき参礼せずに除封され、上妻郡の大半は筑紫広門に与えられた。子孫は鍋島氏の家臣となった。山麓から登って三十分ぐらいで城趾に出る。空濠の跡がはっきりわかり、城地の広さは約一・五反（約一六五〇平方メートル）はある。家紋は亀甲四ツ目。

（調）
黒木助能――定宗（犬尾城主）――鑑実――重高（河崎鎮堯）

〈星野氏〉星野氏は鷹取、妙見、白石、山中、福丸ほか生葉郡内数カ所に城砦を有し、その家系構成も本家、分家の二家に分かれて複雑であり、戦国の頃も大友、秋月に分従して、それぞれ同族争いをしている。生葉山中の星野谷、妹川谷を中心に分立し、また豊前糸庄（田川）にも一系があり、互いに攻め合っている。天正十四年、島津方として一族三百余名を引き連れて筑前高鳥居城で全滅した星野吉実の子長虎丸、熊虎丸は、幼児であったので一命を許され龍造寺政家に預けられたが、その際老臣石川鎮行が身代わりとなって切腹した。長虎丸はのちに鍋島家に仕え、星野親之と名乗り佐賀に居住、熊虎丸は松崎七兵衛と称して小城（小城市）に居住したが、鍋島本藩、支藩に分かれて勤仕し、鹿島《かしま》、蓮池《はすのいけ》にも系流が多い。家紋は桔梗裏菊である。

初代伯耆守 胤實――二代隠岐守 助秀――三代伊賀守 胤秀――四代中務大輔 實秀――五代隠岐守 胤親――六代伯耆守 實忠
――七代伊賀守 胤忠――八代隠岐守 助實――九代右衛門佐 胤氏――十代中務大輔 助氏――十一代伊賀守 胤泰――十二代伯耆守 隆實
――十三代右衛門佐 胤隆――十四代中務大輔 吉實――十五代右衛門佐 胤吉――惣右衛門尉 實教

（「星野家譜」所収）

〈五条氏〉五条氏の先祖には平安時代の歌人として名高い清原元輔や、その女子で『枕草子』の作者清少納言がいる。「五条系図」によれば、南北朝の頃、懐良《かねなが》親王を奉じた頼元が五条氏を名のったが、その後、南朝の衰微とともに室町、戦国時代には大友氏の配下として多くの合戦に従い戦功を立て、恩賞を受けている。とくに五条鑑量《あきかず》、鎮定父子は矢部の高屋城に拠って大友家に忠勤を励んだ。

天正十五年の国割り後は肥後に移住、鎮定の子統康は加藤家に仕えて〝矢部氏〟を名のった。その後、長安のとき立花家に仕え、寛永三（一六二六）年、再び旧領大淵村（現・八女市黒木町）に帰住したが、この復帰にあたって家臣筋の大淵三河守は居館、田地を提供して旧主を迎えたという。この居館が現在八女市黒木町文化財指定の五条家の住居である。

五条家歴代の当主は、その厚義に報いるため毎年正月二日、自ら大淵家へ出向き同家先祖の霊位に詣るしきたりが現在まで続いている。

高屋城趾（八女市矢部村）山麓の荘厳寺（浄土真宗）には六地蔵があり、鑑量のものと伝えられる墓があったが、新しい納骨塔に合葬されているという。五条家に伝わる三百六十五通に及ぶ南朝以来の中世武家文書は史料的価値が高く、貴重な資料として山間に光芒を放っている。

五条頼元——鑑量（九代）——鎮定（十代）——統康（十一代）（加藤家に仕う）——長安（立花家に仕う）

落城の原因を分析する

戦国期の筑後を中心とした諸城の主な落城原因を永正四年から天正十五年までの八十年間に起きた攻防戦より、次の表によって示してみよう。

この表に記しているように、十五城のうちで正攻法で攻められて落城したのは二城だけであり、残りは謀略によるものが八、裏切りが三、同族争い二で、いかに正攻法による落城が少ないかがわかる。これを現代の企業に置きかえてみれば、他社からの謀略や社内の内紛、社員の背信行為が落城、つまり倒産への大きな原因になっているということになる。当時の、個人より家に重きをおいた社会情勢と、現代の高度化した複雑な社会機構のもとでは、画一的に見ることはできないが、歴史の流れの中で興亡を繰り返してきた人間の姿には、現代でも大いに参考とすべきものがある。

年号	城名	城主	正攻法	裏切り	同族争い	謀略
永正 四年（一五〇七）	白石	星野重泰				大友 義長
大永 四年（一五二四）	綾部	少弐満門				馬場 頼周
天文十三年（一五四四）	立石	星野重実			星野高実	
弘治 三年（一五五七）	古処	秋月文種		小野九郎右衛門		
永禄 二年（一五五九）	勢福寺	少弐冬尚		江上武種		
永禄 八年（一五六五）	三瀬	神代長良				龍造寺隆信
永禄十一年（一五六八）	立花	立花鑑載		野田右衛門大夫		立花 道雪
元亀 二年（一五七一）	蓮池	小田鎮光				龍造寺隆信
天正 九年（一五八一）	柳川	蓮池鎮並				龍造寺隆信
天正 九年（一五八一）	塩塚	蓮池統安				田尻 鑑種
天正 九年（一五八一）	佐留垣	蓮池統春				田尻 鑑種
天正 十年（一五八二）	犬尾	河崎鎮堯			黒木家永	
天正十二年（一五八四）	猫尾	黒木家永		椿原式部		
天正十四年（一五八六）	岩屋	高橋紹運	島津忠長			
天正十五年（一五八七）	高鳥居	星野吉実 星野吉兼	立花宗茂			
		計	2	4	2	8

筑後を中心とした諸城の主な落城原因（永正－天正15年）

和暦	西暦	事項
天文　元年	一五三二	星野親忠討たる
七年	一五三八	鍋島直茂生まる
十二年	一五四三	ポルトガル、種子島に鉄砲を伝う
十四年	一五四五	龍造寺家兼、筑後に落去する
十七年	一五四八	高橋紹運、国東郡屋山に生まる
十八年	一五四九	龍造寺隆信、蒲池鑑盛をたよる
十九年	一五五〇	「大友二階崩れの乱」が起こり、大友義鎮家督を継ぐ
二十年	一五五一	大内義隆、長門大寧寺にて死す
永禄　二年	一五五九	筑後大友の将高橋鑑種、宝満、岩屋城督となる
三年	一五六〇	蒲池鑑盛、風浪神社を再建
四年	一五六一	大友・毛利門司合戦、筑後勢出陣
		筑後長岩城主問註所鑑豊・筑紫惟門の軍と戦って戦死す
七年	一五六四	大友・毛利和睦成る
十年	一五六七	立花宗茂、国東筧館にて生まる
		高橋鑑種大友氏に反し、秋月種実、筑紫広門等と毛利氏に通ず
		休松合戦、五条鎮定家中戦死多し（五条文書）
十一年	一五六八	立花鑑載、大友氏に反し立花山で挙兵
十二年	一五六九	立花合戦、筑後勢出陣

元亀 元年	一五七〇	吉弘鎮理、高橋家を継ぎ宝満城督となる。「高橋鎮種」と名乗りのち紹運と号す
		今山合戦、田尻親種・蒲池鑑盛ほか筑後勢出陣、大友軍大敗
二年	一五七一	立花道雪、立花城督となる
天正 元年	一五七三	武田信玄死す
		高良山座主良寛、弟の麟圭を笹原城（篠山城）主とする
三年	一五七五	龍造寺隆信、筑後の諸城を攻める
四年	一五七六	海津城陥落、龍造寺の将、横岳頼次、城代となる
六年	一五七八	上杉謙信死す
		十一月耳川役、蒲池鑑盛出陣して戦死
		十一月九日佐賀勢、三潴郡酒見村に陣す、総勢二万と称す
七年	一五七九	四月隆信軍勢二万をもって山下城の蒲池鑑広を攻める。龍造寺軍、今山嶽に三池鎮実を攻め、鎮実遁走する
		四月大友軍上筑後へ出陣
		五月佐賀勢、肥後の諸城を攻略
		七月二十一日佐賀勢、犬尾城を落とす。河崎氏の勇士大半討死
		蒲池鑑広叛す
		蒲池鑑広、龍造寺隆信に降る
八年	一五八〇	蒲池鎮並、柳川に籠城
		隆信、高良山座主良寛を降し筑後十郡を平定し佐賀に帰る
九年	一五八一	高橋統虎、立花氏に養子にはいる
		五月龍造寺隆信、蒲池鎮並を肥前与賀野に謀殺す

十年	一五八二	田尻鑑種、塩塚その他にて蒲池の残党を誅伐 鍋島直茂、柳川城主となる 二月黒木家永、蒲池鎮並誅伐を怒り佐賀に叛く、草野これを調停して黒木再び佐賀に降る、黒木は幼児四郎丸を人質として佐賀に送る、釜瀬大和守が護衛 織田信長、本能寺に死す
十一年	一五八三	黒木益種、蒲船津城を守り、十一年春の佐賀軍との戦いで討死 この頃、筑後の諸将佐賀に叛心を抱き、薩軍の北上を待つ 三月辺春落城＝佐賀軍辺春を攻め三潴郡下田城主堤貞元率先して猛攻、高良山の大祝、稲員、酒井田等辺春に至り防戦し、落城の時討死多し
十二年	一五八四	田尻鑑種、鷹尾城を開城し龍造寺に降る 龍造寺隆信、沖田畷で敗死
十三年	一五八五	黒木家永、猫尾城にて自害 九月立花道雪、北野陣中で死す
十四年	一五八六	七月岩屋城の戦、高橋紹運自害 高鳥居城にて星野一族討死
十五年	一五八七	秀吉九州入り、島津を征討、九州国割行われる 立花宗茂、筑後四郡の領主として柳川へ入国

主要参考文献

戸次求馬「南筑明覧」(武藤直治・大庭陸太校訂、筑後遺籍刊行会編『筑後地誌叢書』所収、筑後遺籍刊行会、一九二九年)
蒲池豊庵「蒲池物語」九州大学所蔵(写本)
杉山正仲・小川正格編、黒岩万次郎校『筑後志』本荘知新堂、一九〇七年
「肥陽軍記」(近藤瓶城編『史籍集覧　改訂』第十五冊所収、近藤活版所、一九〇二年)
『福岡県史資料』第一輯―第六輯、福岡県、一九三二―一九三五年
「筑後地鑑」(武藤直治・大庭陸太校訂『筑後地誌叢書』所収、筑後遺籍刊行会、一九二九年
「幕府差出領地石高」(『福岡県史資料』第六輯所収)
森春樹著、山田精一編「豊西説話」私家版、一八八九年
城戸清種著、福岡古文書を読む会・川添昭二校訂『博多・筑前史料　豊前覚書』文献出版、一九八〇年
渡辺村男著、柳川・山門・三池教育会編『旧柳川藩志』青潮社、一九八〇年
「大友興廃記」(垣本言雄編輯『大分県郷土史料集成』所収、大分県郷土史料刊行会、一九三八年)
馬場信意重撰「西国盛衰記」(『通俗日本全史』所収、早稲田大学出版部、一九一三年)
「宇都宮史」(栃木県立文書館所蔵)
『筥崎宮史料』筥崎宮、一九七〇年
太田牛一原著、榊山潤訳『信長公記』教育社、一九八〇年
香川正矩・景継編纂『陰徳太平記』早稲田大学出版部、一九一三年
中村通夫・湯沢幸吉郎校訂『雑兵物語・おあむ物語』岩波書店、一九四三年
馬渡俊継著、肥前史談会編『北肥戦誌(九州治乱記)』青潮社、一九九五年
大坪安太郎編『隆信公御年譜』肥前史談会、一九三三年
「大友記」(塙保己一編『群書類従』第十四輯所収、経済雑誌社、一八九三―一八九四年)
矢野一貞『筑後国史　筑後将士軍談』名著出版より復刻、一九七〇年
「森脇飛驒覚書」(『山口県史料』中世編上所収、山口県文書館、一九七九年)
「築城記」(塙保己一編『軍書類従』第十五輯所収、経済雑誌社、一八九三―一八九四年)
林子平著『海国兵談』図南社、一九一六年
「普聞集」(著者不詳、江戸中期「肥前日記」所収、小城鍋島文庫)
帆足萬里、岡弘道訂『橘山遺事』南筑紫陰堂刊、安政二年(茨城大学付属図書館蔵)
犬塚盛純『歴代鎮西志』(鍋島家文庫所蔵)青潮社、一九

九二年
近藤瓶城編『歴代鎮西要略』文献出版、一九七六年
「今村家記」今村土佐（『筑後国史』所収）
筑後市教育委員会編『横溝六郎遺文集』筑後郷土史研究会、一九七一年
岡谷繁実『名将言行録』玉山堂、一八六九年
「上井覚兼日記」（東京大学史料編纂所『大日本古記録』所収、岩波書店、一九五四年）
長谷場宗純『長谷場越前自記』（鹿児島大学付属図書館所蔵）
『毛利秀包記』（山口県立文書館所蔵）
田北学編『増補訂正編年大友史料』私家版、一九六八年
「高橋紹運記」（塙保己一編『群書類従』第二三輯上所収、続群書類従完成会、一九六〇年）
貝原益軒『筑前国続風土記』名著出版、一九七三年
今村和方編『星野家譜』大圓寺、一九八二年
「九州御動座記」（『九州史料叢書』第四一輯所収、九州史料刊行会、一九六七年）
「蒲池文書」（福岡県編『福岡県史資料』第五輯所収、一九三二―一九三九年）
「筑後地方古文書」（『福岡県史資料』第八輯所収、一九三二―一九三九年）
「堤文書」（田北学編『増補訂正編年大友史料』増補訂正版、第二四―二五所収、私家版、一九六六年）
「上妻文書」（福岡県編『福岡県史資料』第六輯所収、一九三二―一九三九年）
村田正志、黒川高明校訂「五条家文書」（『史料纂集　古文書編』第四巻、続群書類従完成会、一九七五年）
「大友家文書録」（大分県教育委員会編『大分県史料』三二―三四所収、大分県、一九八〇―一九八一年）
「草野文書」（福岡県編『福岡県史資料』第三輯所収、一九三二―一九三九年）
「萩藩閥閲録」毛利家古文書
浅川安和「浅川聞書」（『柳川藩叢書』第二集所収、青潮社、一九九一年）
「問註所文書」（『福岡県史資料』第十輯所収）
「高良山鏡山文書」（『福岡県史資料』第七輯所収）
「田尻文書」（『北肥戦誌』所収）
「立花家文書」（「柳川御花」所蔵）
吉永正春『九州戦国の武将たち』海鳥社、二〇〇〇年
吉永正春『九州戦国合戦記』海鳥社、一九九四年
吉永正春『筑前立花城興亡史』西日本新聞社、一九九四年
吉永正春『筑前戦国争乱』海鳥社、二〇〇二年
吉永正春『筑前戦国史』海鳥社、二〇〇九年

あとがき

この度、本書が新装改訂されて出版されることになりました。初版を出してからずいぶんたちますが、あらためて読んでいますと、筑後の戦国武将たちの姿を求めて、各地を取材したことを思い出します。

今回、いくつかの誤りを正すだけではなく、写真を新しいものとしたり地図なども分かりやすくし、地名の改正にも対応しました。そして、読者の参考になればと、新たに参考文献を加えました。

筑後は、有明海に面し古来から肥沃な地でした。この地の十五—十六世紀にかけて筑後の治乱興亡に関わった高良山をはじめ、蒲池・田尻・三池・草野・黒木・星野・問註所・五条・河崎・西牟田・溝口・上妻ら国人領主たちは、この豊かな地を求める大友・龍造寺・島津の三大勢力に翻弄、利用され、一族が互いに去就を分かち、命運を賭して戦いました。

当時、こうした武将たちを描いた書はなく、多くの人の要請もあって、私は、乱世を血と汗を流して文字通り「一所懸命」に生きた彼ら群像に光をあてたい、という思いで書き、散っていった人々への弔魂の紙碑を打ち立てることができました。その後、筑後の戦国についての新たな書を見ることはほとんどありません。本書が、新装版として再発行される意味も少しはあるのだろうと思い、再刊の声に従うことにしました。

今でも「筑後」を「ちっこ」と呼ぶ人があり、筑後人独特のニュアンスと郷愁が感じられます。天恵の国土、筑後を育んだ大いなる筑後川（筑紫次郎）は、今日も滔々と流れ、移りゆく世を忘却の彼方へと運んでいるようです。

本書によって戦国の筑後が、さらに身近になればと願っています。

最後に、この出版にあたり、お世話になった海鳥社の西俊明社長はじめ、社員の皆さんに厚くお礼を申し上げます。

合掌

二〇一〇年二月吉日

吉永正春

吉永正春（よしなが・まさはる）1925年、東京に生まれる。門司・旧制豊国商業学校卒業。現在、戦国史家として執筆、講演活動に活躍。主な著書に『立花城興亡史』（西日本新聞社）、『九州戦国合戦記』『筑前戦国争乱』『九州戦国の武将たち』『九州のキリシタン大名』『増補改訂版　筑前戦国史』（いずれも海鳥社）、共著に『エッセイで楽しむ日本の歴史』（文藝春秋）など多数がある。2004年度福岡市文化賞、2009年度西日本文化賞を受賞する。

筑《ちく》後《ご》戦《せん》国《ごく》史《し》【新装改訂版】

■

2010年4月5日　第1刷発行

■

著者　吉永正春

発行者　西　俊明

発行所　有限会社海鳥社

〒810-0072 福岡市中央区長浜3丁目1番16号

電話092(771)0132　FAX092(771)2546

http://www.kaichosha-f.co.jp

印刷・製本　九州コンピュータ印刷

ISBN978-4-87415-771-8

［定価は表紙カバーに表示］